NO LONGER PROPERTY OF
LONG BEACH PUBLIC LIBRARY

Ecce homo
Cómo se llega a ser lo que se es

Friedrich Nietzsche

Ecce homo

Cómo se llega a ser lo que se es

Introducción, traducción y notas
de Andrés Sánchez Pascual

Título original: *Ecce homo. Wie man wird, was man ist*

Primera edición en «El libro de bolsillo»: 1971
Tercera edición: 2011

Diseño de colección: Estudio de Manuel Estrada con la colaboración de Roberto Turégano y Lynda Bozarth
Diseño de cubierta: Manuel Estrada

Calle Juan Ignacio Luca de Tena, 15;
28027 Madrid; teléfono 91 393 88 88
www.alianzaeditorial.es

ISBN: 978-84-206-5355-6
Depósito legal: M. 29.486-2011
Composición: Grupo Anaya
Impreso en Huertas Industrias Gráficas, S. A.
Printed in Spain

Si quiere recibir información periódica sobre las novedades de Alianza Editorial, envíe un correo electrónico a la dirección: alianzaeditorial@anaya.es

Índice

Introducción

Este escrito de Nietzsche, la más original introducción a su vida y a su obra que pudiera pensarse, ha sido y continuará siendo un libro desconcertante e incluso enigmático. Para unos representa la cumbre más alta en la historia universal de la autobiografía; es, según ellos, un libro sincero, honesto, desgarrado, un libro que fascina por la claridad que lanza sobre un alma, sobre la historia de un alma; constituye un acto de valentía sin igual, mediante el que alguien dice por fin: *Ecce homo;* sí, aquí tenéis al hombre, podéis mirarlo; pero no olvidéis que bajo su humana figura se esconde un dios... Aquí estoy yo, el primer espíritu del siglo, olvidado y despreciado por todos vosotros; soy un desconocido, a pesar de mi grandeza; incluso camino rápidamente hacia la cruz: hacia la demencia, que pronto me arrastrará a sus tinieblas. Mas a pesar de vuestro olvido y vuestro desprecio, «yo soy un destino», soy el heraldo de una nueva época, «sobre mí pesa una responsabilidad indecible... Pues yo llevo sobre mis espaldas el destino de la humanidad». Yo me opongo a todos vosotros, soy un osado que se ha atrevido a descubrir la «mentira de milenios» y vengo a anunciaros una *edad trágica:* «habrá guerras como no las ha habido nunca».

Para otros, en cambio, este escrito es también una cumbre; pero una cumbre de petulancia, de desmedido orgullo, una impudicia, algo que no puede leerse sin sentir repugnancia a cada frase, a cada palabra. El señor Nietzsche, piensan éstos, quiere decirnos quién es él, para que no lo confundamos con otros. Muy bien, estamos dispuestos a escucharle. Pero ¿por qué habla tan alto, por qué nos atruena los oídos con sus gritos, con sus exclamaciones, con sus insultos? ¿Qué nos importan a nosotros sus pequeñeces, sus tonterías? ¿Es tan decisivo que sepamos que el alcohol le sienta mal y que «un vaso de vino o de cerveza al día basta para hacer de mi (su) vida un valle de lágrimas»? ¿A qué viene decirnos que en climas calurosos «el té es desaconsejable como primera bebida del día y se debe comenzar una hora antes con una taza de chocolate espeso y desgrasado»? El señor Nietzsche cree que sus antecesores fueron aristócratas polacos; por nuestra parte, puede creerlo. Pero ¿por qué lo repite tantas veces? Y ¿por qué lanza tanto cieno sobre Alemania y los alemanes? ¿Está resentido el señor Nietzsche, él, que tanto habla de resentimiento? Basta, basta; dejemos el libro; perdonemos; en realidad sólo ha podido ser escrito por un «loco», o, seamos más benignos, por alguien que se encontraba «al borde de la locura».

Éstas son, en esquema, las dos opuestas reacciones que este libro singular ha provocado y seguirá provocando siempre. Pero si por un momento se aparta la vista del contenido para fijarla en algunos aspectos formales, nadie podrá negar que esta obra constituye un *unicum:* algo excepcional. En primer término, porque representa una oportunidad irreemplazable el que un filósofo famoso, a quien se le atribuyen tantas influencias, se avenga a narrarnos una por una la génesis de sus obras, las intenciones que las mueven, el clima en que nacieron, los influjos recibidos. En segundo lugar, porque si, aparte del largo capítulo dedicado a sus obras, los otros cuatro se titulan «Por qué soy yo tan sabio», «Por qué soy yo tan inteligente», «Por qué escribo yo libros tan buenos», «Por qué soy yo un destino», algo así ha de constituir necesariamente un caso de genialidad, aunque sea una genialidad patológica. En tercer término, porque literariamente este libro, aun con sus caídas, profundas a veces, está escrito en una prosa magnífica, llena de combinaciones sorprendentes, en un lenguaje transparente y musical, digno de uno de los más grandes escritores alemanes. No es, desde luego, la «*Sinfonía Júpiter* de las letras germanas», como ampulosamente ha dicho un norteamericano; pero sí es algo que nadie leerá sin ser conmovido, tocado, zarandeado, irritado, para acabar sintiendo una intensa curiosidad de conocer las obras de un filósofo capaz de escribir semejante autobiografía. En este sentido, como ya se ha dicho, ninguna introducción más *original* que ésta al hombre Nietzsche, a la obra Nietzsche, sobre todo porque no es una de esas «introducciones» que dejan simplemente a la puerta; por el contrario, Nietzsche aferra al lector con su poderosa garra y lo mete hasta lo más hondo de su ser.

El texto que el lector va a encontrar pronto ante sí tiene, sin embargo, una curiosa y complicada historia; conviene contarla, aunque sea con brevedad.

Historia de un texto

Nietzsche mismo nos dice que el día en que cumplía cuarenta y cuatro años, el 15 de octubre de 1888, decidió «contarse su vida a sí mismo». Desde ese momento hasta mediados de noviembre, en que envió el manuscrito a la imprenta, Nietzsche trabaja con intensidad en la composición de esta obra. Varios son los títulos que anota, para luego escoger el definitivo. Helos aquí;

a) *In media vita.* Anotaciones de un agradecido. Por F. N.
b) *Ecce homo.* Anotaciones de un hombre múltiple.
   1. Habla el psicólogo.
   2. Habla el filósofo.
   3. Habla el poeta.
   4. Habla el amante de la música.
   5. Habla el escritor.
   6. Habla el educador.
c) *Fridericus Nietzsche, de vita sua.* Traducido al alemán.
d) *El espejo.* Ensayo de una autovaloración.
e) *En trato con los antiguos.* Apéndice: *Ecce homo.*

Cada uno de ellos es un título sugestivo y nos ofrece un escorzo brevísimo de la autoimagen de Nietzsche.

Éste escoge por fin el título *Ecce homo,* con su resonancia evangélica. Sin duda le complacía recordar a Pilatos en el momento en que, presentando al pueblo a un Jesús azotado y escarnecido, dijo: *Ecce homo,* ahí tenéis al hombre.

Una vez elegido definitivamente el título, Nietzsche duda entre varios subtítulos:

a) *Ecce homo,* un regalo a mis amigos.
b) *Ecce homo,* o un problema para psicólogos. Por qué yo soy algo más.
c) *Ecce homo.* Cómo se llega a ser el que se es.

La elección se inclina por el último, reminiscencia de la famosa frase de Píndaro: «Llega a ser el que eres» *(Píticas,* II, 72), que tantas veces había Nietzsche citado indirectamente en sus obras anteriores.

Desde el momento en que envía el manuscrito a la imprenta Nietzsche continúa mandando nuevas modificaciones y adiciones, así como corrigiendo pruebas, hasta el 29 de diciembre en que envía los últimos cambios, entre ellos el importante § 3 de «Por qué soy yo tan sabio», del que luego se hablará. El 3 de enero de 1889 Nietzsche se desploma psíquicamente y es internado en un sanatorio. Inmediatamente después Peter Gast, su inseparable amigo y amanuense, va a Leipzig para ver los textos de su amigo que se encuentran en manos del editor de éste. En aquel momento Nietzsche es un hombre que acaba de caer en la locura, a quien sólo su madre cuida y por cuya suerte literaria no se preocupan de verdad más que dos personas: Franz Overbeck, el catedrático de Basilea, y Peter Gast. Éste se lleva consigo el manuscrito de *Ecce homo* y decide sacar una copia en limpio. Pero asustado por lo explosivo del texto, que él lee entonces por vez primera, decide «eliminar» algunos pasajes, «reelaborar» otros, en fin, «castrarlo» para una eventual publicación, según él mismo dice en sus cartas a Overbeck (todas las expresiones entrecomilladas son del propio Peter Gast). Sin embargo, con el manuscrito no se encontraba el aludido § 3 de «Por qué soy yo tan sabio», ya que Nietzsche lo había mandado en folio aparte y había quedado en casa del editor.

Historia de un folio

Poco después la hermana de Nietzsche, posterior creadora del «Archivo Nietzsche» y contumaz falsificadora de textos de su hermano, sobre todo de cartas, tuvo conocimiento de que existía un folio lleno de insultos contra ella y contra su madre, folio que se encontraba en manos del editor (en ese mismo folio, como luego se ha visto, venían además algunas importantes correcciones de otros pasajes). Por mediación de Peter Gast consiguió rescatarlo. Al mandárselo, el 9 de febrero de 1892, éste le escribe, entre otras cosas, que «es preciso destruirlo», cosa que la hermana hizo sin duda, pues ha desaparecido. Pero... Peter Gast había hecho, él mismo, una copia de ese folio, la cual no ha sido descubierta hasta julio de 1969, cuando hace ya mucho tiempo que todos los protagonistas de esta historia han desaparecido. El descubrimiento fue llevado a cabo en Weimar por G.

Colli y M. Montinari, editores de la nueva edición de las *Obras* de Nietzsche, actualmente en curso de realización, a quienes tanto debe la investigación nietzscheana. Por aquella época, 1892, nadie pensaba ciertamente en editar *Ecce homo*. Si Nietzsche dice en esta obra: «Yo no soy un hombre, soy dinamita», sin duda se creía que no se podía hacerla explotar entregándola al público. Por ello el manuscrito de *Ecce homo* quedó en manos de Elisabeth Förster-Nietzsche, hasta que en 1908, veinte años después de haber sido escrito por Nietzsche y ocho después de su muerte, se tomó la decisión de publicarlo.

La edición fue llevada a cabo por el profesor de Leipzig Raoul Richter, quien se basó en el manuscrito original, pero con algunas «censuras» y, desde luego, sin el discutido § 3 de «Por qué soy yo tan sabio», que fue imposible arrancar a la hermana. Sin duda ésta ya no lo tenía. En su lugar hubo que poner el anterior, esto es, el «tachado» por Nietzsche mediante su último envío, el cual ha venido pasando hasta este momento como el verdaderamente querido por Nietzsche. El texto de *Ecce homo* quedó fijado desde entonces y en las innumerables ediciones de esta obra que se han sucedido al correr de los años ha permanecido idéntico. Incluso la revolucionaria edición de K. Schlechta (1956), que tantas falsificaciones descubrió y reveló, realizadas por la hermana, se limita simplemente a reproducir el texto «canónico». Ahora bien, éste era una mezcla de tres elementos: a) un capítulo «tachado» por Nietzsche mismo, b) unos pasajes «censurados» por Peter Gast y por la familia de Nietzsche (tales pasajes, naturalmente, aparecían allí por su ausencia), y c) el resto, lo querido por Nietzsche (a excepción de lo *eliminado* por Peter Gast y por la familia de Nietzsche, que se desconoce).

La presente edición

El descubrimiento realizado por G. Colli y M. Montinari ha permitido conocer el texto de Nietzsche tal como éste quiso que fuera. En esta edición aparece publicado por vez primera en España el texto «puro» del *Ecce homo.* Es decir, un texto sin ninguna «interpolación» y sin ninguna «censura». Aunque los textos «censurados» no eran de extremada importancia, excepto uno, y constituían más bien una consecuencia de la vulgaridad intelectual de la hermana de Nietzsche y de quienes la rodeaban, resultaba imperdonable que una de las obras más originales y atrayentes de un filósofo como Nietzsche continuase falsificada. El lector va a enfrentarse inmediatamente a esa obra en su puridad. La puntuación de Nietzsche, tan extraña a veces, pero siempre tan expresiva, se ha conservado íntegra. Y el nerviosismo del estilo nietzscheano, que alcanza su cumbre en esta pequeña obra y que más de una vez torturará al lector, no constituye, para decirlo con palabras de Nietzsche, más que un «anzuelo».

El traductor ha puesto numerosas notas, no como comentario, sino como aclaración. Tales notas van constituyendo ya una especie de «tradición» que se transmite de unos editores a otros. Asimismo ha subrayado, con independencia, y aun críticamente, ciertos aspectos de esta obra. Se declara deudor, sin embargo, de los citados

G. Colli y M. Montinari, que de manera tan sistemática están procediendo en su edición, esperemos que definitiva, de la obra de un filósofo que se atrevió a afirmar, sin mentir: *Ecce homo.*

Andrés Sánchez Pascual
«Kiek ut», abril de 1971

Nota a la segunda edición

Para esta nueva edición de *Ecce homo* se ha revisado la traducción y se han mejorado las notas.

Andrés Sánchez Pascual
Bad Godesberg, 14 de agosto de 1998

Ecce homo
Cómo se llega a ser lo que se es

Prólogo

1

Como preveo que dentro de poco tendré que dirigirme a la humanidad presentándole la más grave exigencia que jamás se le ha hecho, me parece indispensable decir *quién soy yo.* En el fondo sería lícito saberlo ya: pues no he dejado de «dar testimonio» de mí. Mas la desproporción entre la grandeza de mi tarea y la *pequeñez* de mis contemporáneos se ha puesto de manifiesto en el hecho de que ni me han oído ni tampoco me han visto siquiera. Yo vivo de mi propio crédito; ¿acaso es un mero prejuicio que yo vivo?... Me basta hablar con cualquier «persona culta» de las que en verano vienen a la Alta Engadina para convencerme de que yo *no* vivo... En estas circunstancias existe un deber contra el cual se rebelan en el fondo mis hábitos y aun más el orgullo de mis instintos, a saber, el deber de decir: *¡Escuchadme!, pues yo soy tal y tal. ¡Sobre todo, no me confundáis con otros!*

2

Por ejemplo, yo no soy en modo alguno un espantajo, un monstruo de moral, – yo soy incluso una naturaleza antitética de esa especie de hombres venerada hasta ahora como virtuosa. Dicho entre nosotros, a mí me parece que justo esto forma parte de mi orgullo. Yo soy un discípulo del filósofo Dioniso, preferiría ser un sátiro antes que un santo. Pero léase este escrito. Tal vez haya conseguido expresar esa antítesis de un modo jovial y afable, tal vez no tenga este escrito otro sentido que ése. La última cosa que *yo* pretendería sería «mejorar» a la humanidad[1]. Yo no establezco ídolos nuevos, los viejos van a aprender lo que significa tener pies de barro. *Derribar ídolos* («ídolos» es mi palabra para decir «ideales») – eso sí forma ya parte de mi oficio. A la realidad se la ha despojado de su valor, de su sentido, de su veracidad en la medida en que se ha *fingido mentirosamente* un mundo ideal... El «mundo verdadero» y el «mundo aparente»[2] – dicho con claridad: el mundo *fingido* y la realidad... Hasta ahora la *mentira* del ideal ha constituido la maldición contra la realidad, la humanidad misma ha sido engañada y falseada por tal mentira hasta en sus instintos más básicos – hasta llegar a adorar los valores *inversos* de aquellos solos que habrían garantizado el florecimiento, el futuro, el elevado *derecho* al futuro.

3

– Quien sabe respirar el aire de mis escritos sabe que es un aire de alturas, un aire *fuerte*. Es preciso estar hecho para ese aire, de lo contrario se corre el no pequeño peligro de resfriarse en él. El hielo está cerca, la soledad es inmensa – ¡mas qué tranquilas yacen todas las cosas en la luz!, ¡con qué libertad se respira!, ¡cuántas cosas sentimos *debajo de* nosotros! – La filosofía, tal como yo la he entendido y vivido hasta ahora, es vida voluntaria en el hielo y en las altas montañas – búsqueda de todo lo problemático y extraño que hay en el existir, de todo lo proscrito hasta ahora por la moral. Una prolongada experiencia, proporcionada por ese caminar *en lo prohibido,* me ha enseñado a contemplar las causas a partir de las cuales se ha moralizado e idealizado hasta ahora, de un modo muy distinto a como tal vez se desea: se me han puesto al descubierto la historia *oculta* de los filósofos, la psicología de sus grandes nombres[3]. – ¿Cuánta verdad *soporta,* cuánta verdad *osa* un espíritu?, esto fue convirtiéndose cada vez más, para mí, en la auténtica unidad de medida. El error (–el creer en el ideal–) no es ceguera, el error es *cobardía...* Toda conquista, todo paso adelante en el conocimiento es *consecuencia* del coraje, de la dureza consigo mismo, de la limpieza consigo mismo... Yo no refuto los ideales, ante ellos, simplemente, me pongo los guantes... *Nitimur in vetitum*[4] [nos lanzamos hacia lo prohibido]: bajo este signo vencerá un día mi filosofía, pues hasta ahora lo único que se ha prohibido siempre, por principio, ha sido la verdad. –

4

– Entre mis escritos ocupa mi *Zaratustra* un lugar aparte. Con él he hecho a la humanidad el regalo más grande que hasta ahora ésta ha recibido. Este libro, dotado de una voz que atraviesa milenios, no es sólo el libro más elevado que existe, el auténtico libro del aire de alturas –todo el hecho «hombre» yace a enorme distancia *por debajo de* él–, es también el libro *más profundo,* nacido de la riqueza más íntima de la verdad, un pozo inagotable al que ningún cubo desciende sin subir lleno de oro y de bondad. No habla en él un «profeta», uno de esos espantosos híbridos de enfermedad y de voluntad de poder denominados fundadores de religiones. Es preciso ante todo *oír* bien el sonido que sale de esa boca, ese sonido alciónico[5], para no ser lastimosamente injustos con el sentido de su sabiduría. «Las palabras más silenciosas son las que traen la tempestad. Pensamientos que caminan con pies de paloma dirigen el mundo–»[6].

> Los higos caen de los árboles, son buenos y dulces; y, conforme caen, su roja piel se abre. Un viento del norte soy yo para higos maduros.
>
> Así, cual higos, caen estas enseñanzas hasta vosotros, amigos míos: ¡bebed su jugo y su dulce carne! Nos rodea el otoño, y el cielo puro, y la tarde[7]. –

No habla aquí un fanático, aquí no se «predica», aquí no se exige *fe:* desde una infinita plenitud de luz y una infinita profundidad de dicha va cayendo gota tras gota, palabra tras palabra, – una delicada lentitud es el *tempo* [ritmo] propio de estos discursos. Algo así llega tan sólo a los elegidos entre todos; constituye un privilegio sin igual el ser oyente aquí; nadie es dueño de tener oídos para escuchar a Zaratustra... ¿No es Zaratustra, con todo esto, un *seductor?...* ¿Qué es, sin embargo, lo que él mismo dice cuando por vez primera retorna a su soledad? Exactamente lo contrario de lo que en tal caso diría cualquier «sabio», «santo», «redentor del mundo» y otros *décadents*[8] [decadentes]... No sólo habla de manera distinta, sino que también *es* distinto...

> ¡Ahora yo me voy solo, discípulos míos! ¡También vosotros os vais ahora solos! Así lo quiero yo.
>
> En verdad, éste es mi consejo: ¡Alejaos de mí y guardaos de Zaratustra! Y aun mejor: ¡avergonzaos de él! Tal vez os ha engañado.
>
> El hombre del conocimiento no sólo tiene que poder amar a sus enemigos, tiene también que poder odiar a sus amigos[9].
>
> Se recompensa mal a un maestro si se permanece siempre discípulo. ¿Y por qué no vais a deshojar vosotros mi corona?
>
> Vosotros me veneráis: pero ¿qué ocurrirá si un día vuestra veneración *se derrumba?* ¡Cuidad de que no os aplaste una estatua!
>
> ¿Decís que no creéis en Zaratustra? ¡Mas qué importa Zaratustra! Vosotros sois mis creyentes, ¡mas qué importan todos los creyentes!
>
> No os habíais buscado aún a vosotros: entonces me encontrasteis. Así hacen todos los creyentes: por eso vale tan poco toda fe.
>
> Ahora os ordeno que me perdáis a mí y que os encontréis a vosotros; y sólo *cuando todos hayáis renegado de mí*[10] volveré entre vosotros[11].

Friedrich Nietzsche

En este día perfecto en que todo madura y no sólo la uva toma un color oscuro acaba de posarse sobre mi vida un rayo de sol: he mirado hacia atrás, he mirado hacia delante, y nunca había visto de una sola vez tantas y tan buenas cosas. No en vano he dado hoy[12] sepultura a mi cuadragésimo año, me era *lícito* darle sepultura, – lo que en él era vida está salvado, es inmortal. La *Transvaloración de todos los valores*[13], los *Ditirambos de Dioniso* y, como recreación, el *Crepúsculo de los ídolos*[14] – ¡todo, regalos de este año, incluso de su último trimestre! *¿Cómo no había yo de estar agradecido a mi vida entera?* Y así me cuento mi vida a mí mismo.

Por qué soy yo tan sabio

1

La felicidad de mi existencia, tal vez su carácter único, se debe a su fatalidad: yo, para expresarme en forma enigmática, como mi padre ya he muerto, y como mi madre vivo todavía y voy haciéndome viejo[15]. Esta doble procedencia, por así decirlo, del vástago más alto y del más bajo en la escala de la vida, este ser *décadent* y a la vez *comienzo* – esto, si algo, es lo que explica aquella neutralidad, aquella ausencia de partidismo en relación con el problema global de la vida, que acaso sea lo que a mí me distingue. Para captar los signos de elevación y de decadencia poseo yo un olfato más fino que el que hombre alguno haya tenido jamás, en este asunto yo soy el maestro *par excellence* [por excelencia], – conozco ambas cosas, soy ambas cosas. – Mi padre *murió* a los treinta y seis años: era delicado, amable y enfermizo, como un ser destinado tan sólo a pasar de largo, – más una bondadosa evocación de la vida que la vida misma. En el mismo año en que su vida se hundió, se hundió también la mía: en el año trigésimo sexto de mi existencia llegué al punto más bajo de mi vitalidad, – aún vivía, pero no veía tres pasos delante de mí. Entonces –era el año 1879– renuncié a mi cátedra de Basilea, sobreviví durante el verano, parecido a una sombra, en St. Moritz, y el invierno siguiente, el invierno más pobre de sol de toda mi vida, lo pasé, *siendo* una sombra, en Naumburgo. Aquello fue mi *minimum: El caminante y su sombra* nació entonces. Indudablemente, yo entendía entonces de sombras... Al invierno siguiente, mi primer invierno genovés, aquella dulcificación y aquella espiritualización que están casi condicionadas por una extrema pobreza de sangre y de músculos produjeron *Aurora.* La perfecta luminosidad y la jovialidad, incluso exuberancia de espíritu, que la citada obra refleja se compaginan en mí no sólo con la más honda debilidad fisiológica, sino incluso con un exceso de sentimiento de dolor. En medio de los suplicios que trae consigo un dolor cerebral ininterrumpido durante tres días, acompañado de un penoso vómito mucoso, – poseía yo una claridad dialéctica *par excellence* y meditaba con gran sangre fría sobre cosas a propósito de las cuales no soy, en mejores condiciones de salud, bastante escalador, bastante refinado, bastante *frío.* Mis lectores tal vez sepan hasta qué punto considero yo la dialéctica como síntoma de *décadence,* por ejemplo en el caso más famoso de todos: en el caso de Sócrates[16]. – Todas las molestias producidas al intelecto por la enfermedad, incluso aquel semiaturdimiento que la fiebre trae consigo, han sido hasta hoy cosas completamente extrañas a mí, por los libros he tenido yo que informarme acerca de su naturaleza y su frecuencia. Mi sangre circula lentamente. Nadie ha podido comprobar nunca fiebre en mí. Un médico que me trató largo tiempo como enfermo de los nervios acabó por decirme: «¡No! A los nervios de usted no les pasa nada, yo soy el único que está enfermo». Imposible demostrar ninguna degeneración local en mí; ninguna dolencia estomacal de origen orgánico, aun cuando siempre padezco, como consecuencia del agotamiento general, la más profunda debilidad del sistema gástrico. También la dolencia de la vista, que a veces se aproxima peligrosamente a la ceguera, es tan sólo una consecuencia, no una causa: de tal manera que con todo incremento de fuerza vital se ha incrementado también mi fuerza visual. – Recobrar la salud significa en mí una serie larga, demasiado larga, de años, – también significa a la vez, por desgracia, recaída, hundimiento, periodicidad de una especie de *décadence.* Después de todo esto, ¿necesito decir que yo soy *experto* en cuestiones de *décadence?* La he deletreado hacia delante y hacia atrás. Incluso aquel afiligranado arte del captar y comprender en general, aquel tacto para percibir *nuances* [matices], aquella psicología del «mirar por detrás de la esquina» y todas las demás cosas que me son propias no las aprendí hasta entonces, son el auténtico regalo de aquella época, en la cual se refinó todo dentro de mí, la observación misma y todos los órganos de ella. Desde la óptica del enfermo elevar la vista hacia conceptos y valores *más sanos,* y luego, a la inversa, desde la plenitud y autoseguridad de la vida *rica* bajar los ojos hasta el secreto trabajo del instinto de *décadence* – éste fue mi más largo ejercicio, mi auténtica experiencia, si en algo, en esto fue en lo que yo llegué a ser maestro. Ahora lo tengo en la mano, poseo mano para *dar la vuelta a las perspectivas:* primera razón por la cual acaso únicamente a mí me sea posible en absoluto una «transvaloración de los valores». –

2

Descontado, pues, que soy un *décadent,* soy también su antítesis. Mi prueba de ello es, entre otras, que siempre he elegido instintivamente los remedios *justos* contra los estados malos; en cambio, el *décadent* en sí elige siempre los medios que lo perjudican. Como *summa summarum* [conjunto] yo estaba sano; como ángulo, como especialidad, yo era *décadent.* Aquella energía para aislarme y evadirme absolutamente de las condiciones habituales, el haberme forzado a mí mismo a no dejarme cuidar, servir, *medicar*– esto revela la incondicional certeza instintiva sobre *lo que* yo necesitaba entonces ante todo. Me puse a mí mismo en mis manos, me sané yo a mí mismo: la condición de ello –cualquier fisiólogo lo concederá– es *estar sano en el fondo.* Un ser típicamente enfermizo no puede sanar, aun menos sanarse él a sí mismo; para un ser típicamente sano, en cambio, el estar enfermo puede constituir incluso un enérgico *estimulante* para vivir, para más-vivir. Así es como de hecho se me presenta *ahora* aquel largo período de enfermedad: por así decirlo, descubrí de nuevo la vida, y a mí mismo incluido, saboreé todas las cosas buenas e incluso las cosas pequeñas como no es fácil que otros puedan saborearlas, – convertí mi voluntad de salud, de *vida,* en mi filosofía... Pues préstese atención a esto: los años de mi vitalidad más baja fueron los años en que *dejé de ser* pesimista: el instinto de autorrestablecimiento me *prohibió* una filosofía de la pobreza y del desaliento... ¿Y en qué se reconoce en el fondo la *buena constitución?* En que un hombre bien constituido hace bien a nuestros sentidos, en que está tallado de una madera que es, a la vez, dura, suave y olorosa. A él le gusta sólo lo que le resulta saludable; su agrado, su placer, cesan cuando se ha rebasado la medida de lo saludable. Adivina remedios curativos contra los daños, saca ventaja de sus contrariedades; lo que no lo mata lo hace más fuerte[17]. Instintivamente forma *su* síntesis con todo lo que ve, oye, vive: es un principio de selección, deja caer al suelo muchas cosas. Se encuentra siempre en *su* compañía, se relacione con libros, con hombres o con paisajes, él honra al *elegir,* al *admitir,* al *confiar.* Reacciona con lentitud a toda especie de estímulos, con aquella lentitud que una larga cautela y un orgullo querido le han inculcado, examina el estímulo que se acerca, está lejos de salir a su encuentro. No cree ni en la «desgracia» ni en la «culpa», liquida los asuntos pendientes consigo mismo, con los demás, sabe *olvidar,* – es bastante fuerte para que todo *tenga que* ocurrir de la mejor manera para él. – Y bien, yo soy todo lo *contrario* de un *décadent,* pues acabo de describirme *a mí mismo.*

3[18]

Considero un gran privilegio el haber tenido el padre que tuve: los campesinos a quienes él predicaba –pues los últimos años fue predicador, tras haber vivido algunos años en la corte de Altenburgo– decían que un ángel habría de tener sin duda un aspecto similar. – Y con esto toco el problema de la raza. Yo soy un aristócrata polaco[19] *pur sang* [pura sangre], al que ni una sola gota de sangre mala se le ha mezclado, y menos que ninguna, sangre alemana. Cuando busco la antítesis más profunda de mí mismo, la incalculable vulgaridad de los instintos, encuentro siempre a mi madre y a mi hermana, – creer que yo estoy emparentado con tal *canaille*[20] [gentuza] sería una blasfemia contra mi divinidad. El trato que me dan mi madre y mi hermana, hasta este momento, me inspira un horror indecible: aquí trabaja una perfecta máquina infernal, que conoce con seguridad infalible el instante en que es posible herirme cruentamente – en mis instantes supremos,... pues entonces falta toda fuerza para defenderse contra gusanos venenosos... La contigüidad fisiológica hace posible tal *disharmonia praestabilita*[21] [desarmonía prestablecida]... Confieso que la objeción más honda contra el «eterno retorno», que es mi pensamiento auténticamente *abismal,* son siempre mi madre y mi hermana[22]. – Mas también en cuanto polaco soy yo un atavismo inmenso. Siglos habría que retroceder para encontrar a esta raza, la más noble que ha existido en la tierra, con la misma pureza de instintos con que yo la represento. Frente a todo lo que hoy se llama *noblesse* [aristocracia] abrigo yo un soberano sentimiento de distinción, – al joven *Kaiser* alemán[23] no le concedería yo el honor de ser mi cochero. Existe un solo caso en que yo reconozco a mi igual – lo confieso con profunda gratitud. La señora Cósima Wagner es, con mucho, la naturaleza más aristocrática; y, para no decir una palabra de menos, afirmo que Richard Wagner ha sido, con mucho, el hombre más afín a mí... Lo demás es silencio...[24] Todos los conceptos dominantes acerca de grados de parentesco son un insuperable contrasentido fisiológico. El Papa hace negocio todavía hoy con ese contrasentido. Con quien *menos* se está emparentado es con los propios padres: estar emparentado con ellos constituiría el signo extremo de vulgaridad. Las naturalezas superiores tienen su origen en algo infinitamente anterior y para llegar a ellas ha sido necesario estar reuniendo, ahorrando, acumulando durante larguísimo tiempo[25]. Los *grandes* individuos son los más antiguos: yo no lo entiendo, pero Julio César podría ser mi padre –*o* Alejandro, ese Dioniso de carne y hueso... En el instante en que escribo esto me trae el correo una cabeza de Dioniso...

4

No he entendido jamás el arte de predisponer a los demás contra mí –también esto lo debo a mi incomparable padre– ni aun en los casos en que ello me parecía de gran valor. Ni siquiera yo he estado nunca predispuesto contra mí, aunque ello pueda parecer muy poco cristiano. Puede darse la vuelta a mi vida por un lado y por otro, en ella no se encontrarán, descontado aquel único caso[26], huellas de que alguien haya abrigado una voluntad malvada contra mí, – pero sí, tal vez, demasiadas huellas de *buena* voluntad... Mis experiencias, incluso con personas con quienes todo el mundo tiene malas experiencias, hablan siempre sin excepción en favor de ellas; yo domestico a todos los osos, yo vuelvo educados incluso a los bufones. Durante los siete años en que yo enseñé griego en la clase superior del Pädagogium de Basilea no tuve ningún pretexto para imponer castigo alguno; los alumnos más holgazanes se volvían laboriosos conmigo. Siempre estoy a la altura del azar; para ser dueño de mí he de estar desprevenido. Sea cual sea el instrumento, y aunque esté tan desafinado como sólo el instrumento «hombre» puede llegar a estarlo – enfermo tendría yo que encontrarme para no conseguir arrancar de él algo digno de ser escuchado. Y cuántas veces he oído decir a los propios «instrumentos» que nunca antes se habían escuchado ellos a sí *de ese modo*... Quizás a quien más bellamente se lo oí decir fue a Heinrich von Stein[27], muerto imperdonablemente joven, quien en una ocasión, tras haber solicitado y obtenido cuidadosamente permiso, apareció por tres días en Sils-Maria declarando a todo el mundo que él *no* venía a causa de la Engadina. Esta excelente persona, que se había zambullido en la ciénaga de Wagner (– ¡y además también en la de Dühring![28]) con toda la impetuosa simpleza de un *Junker* [hidalgo] prusiano, quedó como transformado durante aquellos tres días por un vendaval de libertad, semejante a alguien que de repente es elevado hasta *su* altura y a quien le crecen alas. Yo no dejaba de decirle que esto se debía al buen aire de aquí arriba y que le pasaba a todo el mundo, pues no en vano se está a seis mil pies por encima de Bayreuth – pero no quería creérmelo... Si, a pesar de todo, se han cometido conmigo algunas infamias pequeñas y grandes, el motivo de cometerlas no fue «la voluntad» y mucho menos la voluntad *malvada:* yo tendría que quejarme más bien –acabo de insinuarlo– de la buena voluntad, la cual ha producido en mi vida trastornos nada pequeños. Mis experiencias me dan derecho a desconfiar en general de los llamados impulsos «desinteresados», de todo el «amor al prójimo», siempre dispuesto a dar consejos y a intervenir. Lo considero en sí como debilidad, como caso particular de la incapacidad para resistir a los estímulos, – sólo entre los decadentes se califica de virtud a la *compasión*. A los compasivos yo les reprocho el que con facilidad pierden el pudor, el respeto, el sentimiento de delicadeza ante las distancias, el que la compasión apesta en seguida a plebe y se asemeja a los malos modales, hasta el punto de confundirse con ellos, – el que, en ocasiones, manos compasivas pueden ejercer una influencia verdaderamente destructora en un gran destino, en un aislamiento entre heridas, en un *privilegio* a la culpa grave. Cuento entre las virtudes *aristocráticas* la superación de la compasión: con el título «La tentación de Zaratustra»[29] he descrito poéticamente un caso en el cual un gran grito de socorro[30] llega hasta él cuando la compasión, como un pecado último, quiere asaltarlo y hacerlo infiel *a sí mismo.* Permanecer aquí dueño de la situación, lograr aquí que la *altura* de la tarea propia permanezca limpia de los impulsos mucho más bajos y mucho más miopes que actúan en las llamadas acciones desinteresadas, ésta es la prueba, acaso la última prueba, que un Zaratustra tiene que rendir – su auténtica *demostración* de fuerza...

5

Todavía hay otro punto en el que, una vez más, yo soy meramente mi padre y, por así decirlo, su supervivencia tras una muerte demasiado prematura. Semejante a todo aquel que nunca ha vivido entre sus iguales y a quien el concepto de «ajuste de cuentas» le resulta tan inaccesible como, por ejemplo, el concepto de «igualdad de derechos», en los casos en que se comete conmigo una estupidez pequeña o *muy grande* yo me prohíbo toda contramedida, toda medida de protección, – como es obvio, también toda defensa, toda «justificación». Mi forma de saldar cuentas consiste en enviar como respuesta a la tontería, lo más pronto posible, algo inteligente: acaso así sea posible repararla todavía. Dicho en imágenes: envío una caja de confites para desembarazarme de una historia *agria*... Basta con que a mí se me haga algo malo para que yo «ajuste cuentas», de eso estese seguro: pronto encuentro una ocasión para expresar mi gratitud al «malhechor» (a veces incluso por su infamia) – o para *pedirle* algo, lo que puede resultar más cortés que el dar algo... Me parece asimismo que la palabra más grosera, la carta más grosera son mejores, son más educadas que el silencio. A quienes callan les faltan casi siempre finura y gentileza de corazón; callar es una objeción, tragarse las cosas produce necesariamente un mal carácter – estropea incluso el estómago. Todos los que se callan son dispépticos. – Como se ve, yo no quisiera que se infravalorase la grosería, ella es con mucho la forma *más humana* de la contradicción y, en medio de la molicie moderna, una de nuestras primeras virtudes. – Cuando se es lo bastante rico para permitírselo, constituye incluso una felicidad el no estar en lo justo. A un dios que bajase a la tierra no le sería lícito *hacer* otra cosa que injusticias, – tomar sobre sí no la pena, sino la *culpa,* es lo que sería divino[31].

6

El estar libre de resentimiento, el conocer con claridad el resentimiento – ¡quién sabe hasta qué punto también en esto debo yo estar agradecido, en definitiva, a mi larga enfermedad! El problema no es precisamente sencillo: es necesario haberlo vivido desde la fuerza y desde la debilidad. Si algo hay que objetar en absoluto al estar enfermo, al estar débil, es que en ese estado se reblandece en el hombre el auténtico instinto de salud, es decir, el *instinto de defensa y de ataque.* No sabe uno desembarazarse de nada, no sabe uno liquidar ningún asunto pendiente, no sabe uno rechazar nada, – todo hiere. Personas y cosas nos importunan molestamente, las vivencias llegan muy hondo, el recuerdo es una herida purulenta. El propio estar enfermo *es* una especie de resentimiento. – Contra esto el enfermo no tiene más que un gran remedio: yo lo llamo el *fatalismo ruso,* aquel fatalismo sin rebelión que hace que un soldado ruso a quien la campaña le resulta demasiado dura acabe por tenderse en la nieve. No aceptar ya absolutamente nada, no tomar nada, no acoger nada dentro de sí, – no reaccionar ya en absoluto... La gran razón de este fatalismo, que no siempre es tan sólo el coraje para la muerte, en cuanto conservador de la vida en las circunstancias más peligrosas para ésta, consiste en reducir el metabolismo, en tornarlo lento, en una especie de voluntad de letargo invernal. Unos cuantos pasos más en esta lógica y tenemos el faquir, que durante semanas duerme en una tumba... Puesto que nos consumiríamos demasiado pronto *si* llegásemos a reaccionar, ya no reaccionamos: ésta es la lógica. Y con ningún fuego se consume uno más velozmente que con los afectos de resentimiento. El enojo, la susceptibilidad enfermiza, la impotencia para vengarse, el placer y la sed de venganza, el mezclar venenos en cualquier sentido – para personas extenuadas es ésta, sin ninguna duda, la forma más perjudicial de reaccionar: ella produce un rápido desgaste de energía nerviosa, un aumento enfermizo de secreciones nocivas, de bilis en el estómago, por ejemplo. El resentimiento constituye lo prohibido *en sí* para el enfermo – *su* mal, por desgracia también su tendencia más natural. – Esto lo comprendió aquel gran fisiólogo que fue Buda. Su «religión», a la que sería mejor calificar de *higiene,* para no mezclarla con casos tan deplorables como es el cristianismo, hacía depender su eficacia de la victoria sobre el resentimiento: liberar el alma *de él* – primer paso para curarse. «No se pone fin a la enemistad con la enemistad, sino con la amistad»[32]; esto se encuentra al comienzo de la enseñanza de Buda – así *no* habla la moral, así habla la fisiología. – El resentimiento, nacido de la debilidad, a nadie resulta más perjudicial que al débil mismo; – en otro caso, cuando se trata de una naturaleza rica, constituye un sentimiento *superfluo,* un sentimiento tal que dominarlo es casi la demostración de la riqueza. Quien conoce la seriedad con que mi filosofía ha emprendido la lucha contra los sentimientos de venganza y de rencor, incluida también la doctrina de la «libertad de la voluntad» –la lucha contra el cristianismo es sólo un caso particular de ello–, entenderá por qué yo saco a luz, precisamente aquí, mi comportamiento personal, mi *seguridad instintiva* en la práctica. En los períodos de *décadence* yo me *prohibí* a mí mismo aquellos sentimientos por perjudiciales; tan pronto como la vida volvió a ser suficientemente rica y orgullosa para ello, me los prohibí por situados *debajo de* mí. Aquel «fatalismo ruso» de que antes he hablado se ha puesto en mí de manifiesto en el hecho de que durante años me he aferrado tenazmente a situaciones, a lugares, a viviendas y compañías casi insoportables, una vez que, por azar, estaban dados, – esto era mejor que cambiarlos, que *sentir* que eran cambiables, – que rebelarse contra ellos... El perturbarme en ese fatalismo, el despertarme con violencia eran cosas que yo entonces tomaba mortalmente a mal: – en verdad ello era también siempre mortalmente peligroso. – Tomarse a sí mismo como un *fatum* [destino], no quererse «distinto», – en tales circunstancias esto constituye la *gran razón* misma.

7

Otra cosa es la guerra. Por naturaleza soy belicoso. Atacar forma parte de mis instintos. *Poder* ser enemigo, ser enemigo – esto presupone tal vez una naturaleza fuerte, en cualquier caso es lo que ocurre en toda naturaleza fuerte. Ésta necesita resistencias y, por lo tanto, *busca* la resistencia: el *pathos agresivo* forma parte de la fuerza con igual necesidad con que el sentimiento de venganza y de rencor forma parte de la debilidad. La mujer, por ejemplo, es vengativa: esto viene condicionado por su debilidad, lo mismo que viene condicionado por ella su excitable sensibilidad para la indigencia ajena. – La fortaleza del agresor encuentra una especie de *medida* en los adversarios que él necesita; todo crecimiento se delata en la búsqueda de un adversario –o de un problema– más potente, pues un filósofo que sea belicoso reta a duelo también a los problemas. La tarea *no* consiste en dominar resistencias en general, sino en dominar aquellas frente a las cuales hay que recurrir a toda la fuerza propia, a toda la agilidad y maestría propias en el manejo de las armas, – en dominar a adversarios *iguales* a nosotros... Igualdad con el enemigo, – primer supuesto de un duelo *honesto.* Cuando lo que se siente es desprecio, no se *puede* hacer la guerra; cuando lo que se hace es mandar, contemplar algo por *debajo* de sí, no *hay que* hacerla. – Mi práctica bélica puede resumirse en cuatro principios. Primero: yo sólo ataco causas que triunfan, – en ocasiones espero hasta que lo consiguen. Segundo: yo sólo ataco causas cuando no voy a encontrar aliados, cuando estoy solo, – cuando me comprometo exclusivamente a mí mismo... No he dado nunca un paso en público que no me comprometiese: éste es *mi* criterio del obrar justo. Tercero: yo no ataco jamás a personas, – me sirvo de la persona tan sólo como de una poderosa lente de aumento con la cual puede hacerse visible una situación de peligro general, pero que se escapa, que resulta poco aprehensible. Así es como ataqué a David Strauss[33], o, más exactamente, el *éxito,* en la «cultura» alemana, de un libro de debilidad senil[34] – a esta cultura la sorprendí en flagrante delito... Así es como ataqué a Wagner, o, más exactamente, la falsedad, la bastardía de instintos de nuestra «cultura», que confunde a los refinados con los ricos, a los epígonos con los grandes. Cuarto: yo sólo ataco causas cuando está excluida cualquier disputa personal, cuando está ausente todo trasfondo de experiencias penosas. Al contrario, en mí atacar representa una prueba de benevolencia y, en ocasiones, de gratitud. Yo honro, yo distingo al vincular mi nombre al de una causa, al de una persona: a favor o en contra – para mí esto es aquí igual. Si yo hago la guerra al cristianismo, ello me está permitido porque por esta parte no he experimentado ni contrariedades ni obstáculos, – los cristianos más serios han sido siempre benévolos conmigo. Yo mismo, adversario *de rigueur* [de rigor] del cristianismo, estoy lejos de guardar rencor al individuo por algo que es la fatalidad de milenios. –

8

¿Me es lícito atreverme a señalar todavía un último rasgo de mi naturaleza, el cual me ocasiona una dificultad nada pequeña en el trato con los hombres? Mi instinto de limpieza posee una susceptibilidad realmente inquietante, de modo que percibo fisiológicamente –*huelo*– la proximidad o –¿qué digo?– lo más íntimo, las «vísceras» de toda alma... Esta sensibilidad me proporciona antenas psicológicas con las cuales palpo todos los secretos y los aprisiono con la mano: ya casi al primer contacto cobro consciencia de la mucha suciedad *escondida* en el fondo de ciertas naturalezas, debida acaso a la mala sangre, pero recubierta de barniz por la educación. Si mis observaciones son correctas, también esas naturalezas insoportables para mi limpieza perciben, por su lado, mi previsora náusea frente a ellas; pero su olor no por esto mejora... Como me he habituado a ello desde siempre – una extremada pureza conmigo mismo constituye el presupuesto de mi existir, yo me muero en situaciones sucias–, nado y me baño y chapoteo de continuo, si cabe la expresión, en el agua, en cualquier elemento totalmente transparente y luminoso. Esto hace que el trato con seres humanos sea para mí una prueba nada pequeña de paciencia; mi humanitarismo *no* consiste en participar del sentimiento de cómo es el hombre, sino en *soportar* el que yo participe de ese sentimiento... Mi humanitarismo es una permanente victoria sobre mí mismo. – Pero yo necesito *soledad,* quiero decir, curación, retorno a mí mismo, respirar un aire libre, ligero y juguetón... Todo mi *Zaratustra* es un ditirambo a la soledad o, si se me ha entendido, a la *pureza...* Por suerte, no a la *estupidez pura*[35]. – Quien tenga ojos para percibir colores, calificará de diamantino al *Zaratustra.* – La *náusea* que el hombre, que el «populacho» me producen ha sido siempre mi máximo peligro... ¿Queréis escuchar las palabras con que Zaratustra habla de la *redención* de la náusea?

¿Qué me ocurrió, sin embargo? ¿Cómo me redimí de la náusea? ¿Quién rejuveneció mis ojos? ¿Cómo volé hasta la altura en la que ninguna chusma se sienta ya junto al pozo?

¿Mi propia náusea me proporcionó alas y me dio fuerzas que presienten las fuentes? ¡En verdad, hasta lo más alto tuve yo que volar para reencontrar el manantial del placer!

¡Oh, lo encontré, hermanos míos! ¡Aquí en lo más alto brota para mí el manantial del placer! ¡Y hay una vida de la cual no bebe la chusma con los demás!

¡Casi demasiado violenta resulta tu corriente para mí, fuente del placer! ¡Y a menudo has vaciado de nuevo la copa queriendo llenarla!

Y todavía tengo que aprender a acercarme a ti con mayor modestia: con demasiada violencia corre aún mi corazón a tu encuentro. –

Mi corazón, sobre el que arde mi verano, el breve, ardiente, melancólico, sobrebienaventurado: ¡cómo apetece mi corazón estival tu frescura!

¡Disipada se halla la titubeante tribulación de mi primavera! ¡Pasada está la maldad de mis copos de nieve de junio! ¡En verano me he transformado enteramente y en mediodía de verano!

Un verano en lo más alto, con fuentes frías y silencio bienaventurado: ¡oh, venid, amigos míos, para que el silencio resulte todavía más bienaventurado!

Pues ésta es *nuestra* altura y nuestra patria: en un lugar demasiado alto y abrupto habitamos nosotros aquí para todos los impuros y para su sed.

¡Lanzad vuestros ojos puros en el manantial de mi placer, amigos míos! ¡Cómo habría él de enturbiarse por ello! ¡En respuesta os reirá con *su* pureza!

En el árbol Futuro construimos nosotros nuestro nido; ¡águilas deben traernos en sus picos alimento a nosotros los solitarios![36]

¡En verdad, no un alimento del que también a los impuros les esté permitido comer! ¡Fuego creerían devorar, y se abrasarían los hocicos!

¡En verdad, aquí no tenemos preparadas moradas para impuros! ¡Una caverna de hielo significaría para sus cuerpos nuestra felicidad, y para sus espíritus!

Y cual vientos fuertes queremos vivir por encima de ellos, vecinos de las águilas, vecinos de la nieve, vecinos del sol: así es como viven los vientos fuertes.

E igual que un viento quiero yo soplar todavía alguna vez entre ellos, y con mi espíritu cortar la respiración a su espíritu: así lo quiere mi futuro.

En verdad, un viento fuerte es Zaratustra para todas las hondonadas; y este consejo da a sus enemigos y a todo lo que esputa y escupe: «¡Guardaos de escupir *contra* el viento!»[37].

Por qué soy yo tan inteligente

1

– ¿Por qué sé yo algunas cosas *más?* ¿Por qué soy yo en absoluto tan inteligente? No he reflexionado jamás sobre problemas que no lo sean –no me he malgastado. – Por ejemplo, no conozco por experiencia propia dificultades genuinamente *religiosas.* Se me ha escapado del todo hasta qué punto debía yo ser «pecador». Asimismo me falta un criterio fiable sobre lo que es remordimiento de conciencia: por lo que de él se *oye* decir, no me parece que sea nada estimable...[38] Yo no querría dejar en la estacada a una acción *tras haberla hecho,* en la cuestión de su valor preferiría dejar totalmente al margen el mal éxito de esa acción, sus *consecuencias*[39]. Cuando las cosas salen mal, se pierde con demasiada facilidad la visión *correcta* de lo que se hizo: un remordimiento de conciencia me parece una especie de «mal de ojo»[40]. Respetar tanto más en nosotros algo que ha fallado *porque* ha fallado – esto, antes bien, forma parte de mi moral. – «Dios», «inmortalidad del alma», «redención», «más allá», todos estos son conceptos a los que no he dedicado ninguna atención, tampoco ningún tiempo, ni siquiera cuando era niño –¿acaso no he sido nunca bastante pueril para hacerlo?– El ateísmo yo no lo conozco en absoluto como un resultado, aun menos como un acontecimiento: en mí se da por supuesto, instintivamente. Soy demasiado curioso, demasiado *problemático,* demasiado altanero para que me agrade una respuesta burda. Dios es una respuesta burda, una indelicadeza contra nosotros los pensadores, – incluso en el fondo no es nada más que una burda *prohibición* que se nos hace: ¡no debéis pensar!... Muy de otro modo me interesa una cuestión de la cual, más que de ninguna rareza de teólogos, depende la «salvación de la humanidad»: el problema de la *alimentación.* Prácticamente puede formulárselo así: «¿Cómo tienes que alimentarte precisamente tú para alcanzar tu máximo de fuerza, de *virtù* [vigor] al estilo del Renacimiento, de virtud exenta de moralina?». Mis experiencias en este punto son las peores posible; estoy asombrado de haber percibido tan tarde esta cuestión, de haber aprendido «razón» tan tarde de estas experiencias. Únicamente la completa nulidad de nuestra cultura alemana –su «idealismo»– me explica en cierto modo por qué, justo en este punto, he sido yo tan retrasado que lindaba con la santidad. Esta «cultura», que desde el principio enseña a perder de vista las *realidades* para andar a la caza de metas completamente problemáticas, denominadas metas «ideales», por ejemplo la «cultura clásica»: –

¡como si de antemano no estuviera condenado el unir «clásico» y «alemán» en un único concepto! Es más, esto produce risa –¡imaginemos un ciudadano de Leipzig con «cultura clásica»!– De hecho, hasta que llegué a los años de mi plena madurez yo he comido siempre y únicamente *mal* –expresado en términos morales, he comido «impersonalmente», «desinteresadamente», «altruísticamente», a la salud de los cocineros y otros compañeros en Cristo. Por ejemplo, yo negué muy seriamente mi «voluntad de vida» a causa de la cocina de Leipzig, simultánea a mi primer estudio de Schopenhauer (1865). Con la finalidad de alimentarse de modo insuficiente, estropearse además el estómago – este problema me parecía maravillosamente resuelto por la citada cocina. (Se dice que el año 1866 ha producido un cambio en este terreno.) Pero la cocina alemana en general, – ¡cuántas cosas no tiene sobre su conciencia! ¡La sopa *antes* de la comida (todavía en los libros de cocina venecianos del siglo XVI se la denomina *alla tedesca* [al modo alemán]); las carnes demasiado cocidas, las verduras grasas y harinosas; ¡la degeneración de los dulces, que llegan a ser como pisapapeles! Si a esto se añade además la imperiosa necesidad, verdaderamente bestial, de los viejos alemanes, y no sólo de los *viejos,* de beber después de comer, se comprenderá también de dónde procede el *espíritu alemán* – de intestinos revueltos... El espíritu alemán es una indigestión, no da fin a nada. – Pero también la dieta *inglesa,* que, en comparación con la alemana, e incluso con la francesa, representa una especie de «vuelta a la naturaleza», es decir al canibalismo, repugna profundamente a mi instinto propio; me parece que le proporciona pies *pesados* al espíritu – pies de mujeres inglesas... La mejor cocina es la del *Piamonte*. – Las bebidas alcohólicas me resultan perjudiciales; un solo vaso de vino o de cerveza al día basta para hacer de mi vida un «valle de lágrimas» – en Múnich es donde viven mis antípodas. Aceptado que yo he comprendido esto un poco tarde, *vivirlo* lo he vivido en verdad desde la infancia. Cuando yo era un muchacho, creía que tanto el beber vino como el fumar tabaco eran al principio sólo una *vanitas* [vanidad] de gente joven, y más tarde un mal hábito. Acaso el vino de Naumburgo tenga también la culpa de este *agrio* juicio. Para creer que el vino *alegra* tendría yo que ser cristiano, es decir, creer lo que cabalmente para mí es un absurdo. Cosa extraña, mientras que pequeñas dosis de alcohol, muy diluidas, me ocasionan esa extremada destemplanza, yo me convierto casi en un marinero cuando se trata de dosis *fuertes*. Ya de muchacho tenía yo en esto mi valentía. Escribir en una sola vigilia nocturna una larga disertación latina y además copiarla en limpio, poniendo en la pluma la ambición de imitar en rigor y concisión a mi modelo Salustio, y derramar sobre mi latín un poco de *grog*[41] del mayor calibre, esto era algo que, ya cuando yo era alumno de la venerable Escuela de Pforta, no estaba reñido en absoluto con mi fisiología, y acaso tampoco con la de Salustio, – aunque sí, desde luego, con la venerable Escuela de Pforta...[42] Más tarde, hacia la mitad de mi vida, me decidí ciertamente, cada vez con mayor rigor, *en contra de* cualquier bebida «espirituosa»: yo, adversario, por experiencia, del régimen vegetariano, exactamente igual que Richard Wagner, que fue el que me convirtió, no sabría aconsejar nunca con bastante seriedad la completa abstención de bebidas alcohólicas a todas las naturalezas de *espiritualidad superior.* El *agua* basta... Yo prefiero lugares en que por todas partes se tenga ocasión de beber de fuentes que corran (Niza, Turín, Sils); un pequeño vaso marcha detrás de mí como un perro. *In vino veritas* [en el vino está la verdad]: parece que también en esto me hallo una vez más en desacuerdo con todo el mundo acerca del concepto de «verdad»; – en mí el espíritu flota sobre el *agua...*[43] Todavía unas cuantas indicaciones sacadas de mi moral. Una comida fuerte es más fácil de digerir que una demasiado pequeña. Que el estómago entre todo él en actividad es el primer presupuesto de una buena digestión. Es preciso *conocer* la capacidad del propio estómago. Por igual razón hay que desaconsejar aquellas aburridas comidas que yo denomino banquetes sacrificiales interrumpidos, es decir, las hechas en la *table d'hôte* [mesa común de las pensiones]. – No tomar nada entre comida y comida, no beber café: el café ofusca. El *té* es beneficioso tan sólo por la mañana. Poco, pero muy cargado; el té es muy perjudicial y estropea el día entero cuando es demasiado flojo, aunque sea en un solo grado. Cada uno tiene en estos asuntos su propia medida, situada de ordinario entre límites muy estrechos y delicados. En un clima muy excitante el té es desaconsejable como primera bebida del día: debe comenzarse una hora antes con una taza de chocolate espeso y desgrasado. – *Estar sentado* el menor tiempo posible; no dar crédito a ningún pensamiento que no haya nacido al aire libre y pudiendo nosotros movernos con libertad, – a ningún pensamiento en el cual no celebren una fiesta también los músculos. Todos los prejuicios proceden de los intestinos. La carne sedentaria –ya lo he dicho en otra ocasión[44]– es el auténtico *pecado* contra el espíritu santo. –

2

Con el problema de la alimentación se halla muy estrechamente ligado el problema del *lugar* y del *clima*. Nadie es dueño de vivir en todas partes; y quien ha de solucionar grandes tareas que exigen toda su fuerza tiene aquí incluso una elección muy restringida. La influencia del clima sobre el *metabolismo,* sobre su retardación o su aceleración, llega tan lejos que un desacierto en la elección del lugar y del clima no sólo puede alejar a cualquiera de su tarea, sino llegar incluso a sustraérsela del todo: no consigue verla jamás. El *vigor* animal no se ha hecho nunca en él lo bastante grande para alcanzar aquella libertad desbordante que penetra hasta lo más espiritual y en la que alguien conoce: *esto* sólo yo puedo hacerlo... Una inercia intestinal, aun muy pequeña, convertida en un mal hábito basta para hacer de un genio algo mediocre, algo «alemán»; el clima alemán, por sí solo, es suficiente para desalentar a intestinos robustos e incluso nacidos para el heroísmo. El *tempo* [ritmo] del metabolismo mantiene una relación precisa con la movilidad o la torpeza de los *pies* del espíritu; el «espíritu» mismo, en efecto, no es más que una especie de ese metabolismo. Examinemos en qué lugares hay y ha habido hombres ricos de espíritu, donde el ingenio, el refinamiento, la maldad formaban parte de la felicidad, donde el genio tuvo su hogar de manera casi necesaria: todos ellos poseen un aire magníficamente seco. París, la Provenza, Florencia, Jerusalén, Atenas – estos nombres demuestran una cosa: el genio está *condicionado* por el aire seco, por el cielo puro, – es decir, por un metabolismo rápido, por la posibilidad de recobrar una y otra vez cantidades grandes, incluso gigantescas, de fuerza. Tengo ante mis ojos un caso en que un espíritu dotado de una constitución notable y libre se volvió estrecho, encogido, se convirtió en un especialista y en un avinagrado, meramente por falta de finura de instintos en asuntos climáticos. Y yo mismo habría acabado por poder convertirme en ese caso si la enfermedad no me hubiera forzado a razonar, a reflexionar sobre la razón que hay en la realidad. Ahora que, tras prolongada ejercitación, leo en mí mismo como en un instrumento muy delicado y fiable los influjos de origen climático y meteorológico, y ya en un pequeño viaje, de Turín a Milán por ejemplo, calculo fisiológicamente en mí la variación de grados en la humedad del aire, pienso con terror en el hecho *siniestro* de que mi vida, exceptuando estos diez últimos años, no ha transcurrido más que en lugares falsos y realmente *prohibidos* para mí. Naumburgo, Schulpforta, Turingia en general, Leipzig, Basilea – otros tantos lugares nefastos para mi fisiología. Si yo no tengo ni un solo recuerdo agradable de mi infancia ni de mi juventud, sería una estupidez aducir aquí las llamadas causas «morales» – por ejemplo, la indiscutible falta de compañía *adecuada,* pues esta falta existe ahora como ha existido siempre, sin que ella me impida ser jovial y valiente. La ignorancia *in physiologicis* [en cuestiones de fisiología] –el maldito «idealismo»– es la auténtica fatalidad en mi vida, lo superfluo y estúpido en ella, algo de lo que no salió nada bueno y para lo cual no hay ninguna compensación, ningún descuento. Por las consecuencias de este «idealismo» me explico yo todos los desaciertos, todas las grandes aberraciones del instinto y todas las «modestias» que me han apartado de la *tarea* de mi vida; así, por ejemplo, el haberme hecho filólogo –¿por qué no, al menos, médico o cualquier otra cosa que abra los ojos? En mi época de Basilea toda mi dieta espiritual, incluida la distribución de la jornada, fue un desgaste completamente insensato de fuerzas extraordinarias, sin tener una recuperación de ellas que cubriese de alguna manera aquel consumo, sin siquiera reflexionar sobre el consumo y su compensación. Faltaba todo cuidado de sí un poco más delicado, toda *protección* procedente de un instinto que impartiese órdenes, era un equipararse a cualquiera, un «desinterés», un olvidar la distancia propia, – algo que no me perdonaré jamás. Cuando me encontraba casi al final comencé a reflexionar, por el *hecho* de encontrarme así, sobre esta radical sinrazón de mi vida – el «idealismo». La *enfermedad* fue lo que me condujo a la razón. –

3

La elección en la alimentación; la elección de clima y lugar; – la tercera cosa en la que por nada del mundo es lícito cometer un desacierto es la elección de la especie *propia* de *recrearse*. También aquí los límites de lo permitido, es decir, de lo *útil,* a un espíritu que sea *sui generis* [peculiar] son estrechos, cada vez más estrechos. En mi caso toda *lectura* forma parte de mis recreaciones: en consecuencia, forma parte de aquello que me libera a mí de mí, que me permite ir a pasear por ciencias y almas extrañas, – cosa que yo no tomo ya en serio. La lectura me recrea precisamente de *mi* seriedad. En épocas de profundo trabajo no se ve libro alguno cerca de mí; me guardaría bien de dejar hablar y aun menos pensar a alguien cerca de mí. Y esto es lo que significaría, en efecto, leer... ¿Se ha observado realmente que, en aquella profunda tensión a que el embarazo condena al espíritu y, en el fondo, al organismo entero, ocurre que el azar, que toda especie de estímulo venido de fuera influyen de un modo demasiado vehemente, «golpean» con demasiada profundidad? Hay que evitar en lo posible el azar, el estímulo venido de fuera; un como emparedarse dentro de sí forma parte de las primeras corduras instintivas del embarazo espiritual. ¿Permitiré que un pensamiento *ajeno* escale secretamente la pared? – Y esto es lo que significaría, en efecto, leer... A las épocas de trabajo y fecundidad sigue el tiempo de recrearse: ¡acercaos, libros agradables, ingeniosos, inteligentes! – ¿Serán libros alemanes?... Tengo que retroceder medio año para sorprenderme con un libro en la mano. ¿Cuál era? – Un magnífico estudio de Victor Brochard, *Les Sceptiques Grecs*[45] [Los escépticos griegos], en el que se utilizan mucho también mis *Laertiana*[46] [Estudios sobre Laercio]. ¡Los escépticos, el único tipo *respetable* entre el pueblo de los filósofos, pueblo de doble y hasta de quíntuple sentido!... Por lo demás, casi siempre me refugio en los mismos libros, un número pequeño en el fondo, que han *de-*

mostrado estar hechos precisamente para mí. Acaso no esté en mi naturaleza el leer muchas y diferentes cosas: una sala de lectura me pone enfermo. Tampoco está en mi naturaleza el amar muchas o diferentes cosas. Cautela, incluso hostilidad contra libros nuevos forman parte de mi instinto, antes que «tolerancia», *largeur de cœur* [amplitud de corazón] y cualquier otro «amor al prójimo»...[47] En el fondo yo retorno una y otra vez a un pequeño número de franceses antiguos: creo únicamente en la cultura francesa y considero un malentendido todo lo demás que en Europa se autodenomina «cultura», para no hablar de la cultura alemana... Los pocos casos de cultura elevada que yo he encontrado en Alemania eran todos de procedencia francesa, ante todo la señora Cósima Wagner, la primera voz, con mucho, en cuestiones de gusto que yo he oído... El que a Pascal no lo lea, sino que lo *ame* como a la más instructiva víctima del cristianismo, asesinado con lentitud, primero corporalmente, después psicológicamente, cual corresponde a la entera lógica de esa forma horrorosa entre todas de inhumana crueldad; el que yo tenga en mi espíritu, ¡quién sabe!, acaso también en mi cuerpo algo de la petulancia de Montaigne; el que mi gusto de artista no defienda sin rabia los nombres de Molière, Corneille y Racine contra un genio salvaje como Shakespeare: esto no excluye, en definitiva, el que también los franceses recentísimos sean para mí una compañía encantadora. No veo en absoluto en qué siglo de la historia resultaría posible pescar de un solo golpe psicólogos tan curiosos y a la vez tan delicados como en el París de hoy: menciono como ejemplos –pues su número no es pequeño– a los señores Paul

Bourget, Pierre Loti, Gyp, Meilhac, Anatole France, Jules Lemaître, o, para destacar a uno de la raza fuerte, un auténtico latino, al que quiero especialmente, Guy de Maupassant. Dicho entre nosotros, prefiero *esta* generación incluso a sus grandes maestros, todos los cuales están corrompidos por la filosofía alemana: el señor Taine, por ejemplo, por Hegel, al que debe su incomprensión de grandes hombres y de grandes épocas. A donde llega Alemania, *corrompe* la cultura. La guerra es lo que ha «redimido» al espíritu en Francia... Stendhal, uno de los más bellos azares de mi vida –pues todo lo que en ella hace época lo ha traído hasta mí el azar, nunca una recomendación– es totalmente inapreciable, con su anticipador ojo de psicólogo, con su garra para los hechos, que trae al recuerdo la cercanía del gran realista *(ex ungue Napoleonem*[48] [por la uña se reconoce a Napoleón]); y finalmente, y no es lo de menos, en cuanto ateísta *honesto,* una *species* escasa y casi inencontrable en Francia –sea dicho esto en honor de Prosper Mérimée...– ¿Acaso yo mismo estoy un poco envidioso de Stendhal? Me quitó el mejor chiste de ateísta, un chiste que precisamente yo habría podido hacer: «La única disculpa de Dios es que no existe...». Yo mismo he dicho en otro lugar[49]: ¿cuál ha sido hasta ahora la máxima objeción contra la existencia? *Dios...*

4

El concepto supremo del lírico me lo ha proporcionado *Heinrich Heine.* En vano busco en los imperios todos de los milenios una música tan dulce y tan apasionada. Él poseía aquella divina maldad sin la cual soy yo incapaz de imaginarme lo perfecto, – yo estimo el valor de hombres, de razas, por el grado de necesidad con que no pueden concebir a Dios separado del sátiro. – ¡Y cómo maneja el alemán! Alguna vez se dirá que Heine y yo hemos sido, a gran distancia, los primeros virtuosos de la lengua alemana – a una incalculable lejanía de todo lo que simples alemanes han hecho con ella. – Yo debo tener necesariamente una afinidad profunda con el *Manfredo* de *Byron:* todos esos abismos los he encontrado dentro de mí, – a los trece años ya estaba yo maduro para esa obra. No tengo una palabra, sólo una mirada, para quienes se atreven a pronunciar la palabra *Fausto* en presencia del *Manfredo.* Los alemanes son *incapaces* de todo concepto de grandeza: prueba, Schumann. Propiamente por rabia contra este empalagoso sajón he compuesto yo una antiobertura para el *Manfredo*[50], de la cual dijo Hans von Bülow que no había visto jamás nada igual en papel de música: que era un estupro cometido con Euterpe[51]. Cuando busco mi fórmula suprema para definir a *Shakespeare,* siempre encuentro tan sólo la de haber concebido el tipo de César. Algo así no se adivina, se es o no se es. El gran poeta se nutre *únicamente* de su realidad – hasta tal punto que luego no soporta ya su obra... Cuando he echado una mirada a mi *Zaratustra,* me pongo después a andar durante media hora de un lado para otro de mi cuarto, incapaz de dominar una insoportable convulsión de sollozos. No conozco lectura más desgarradora que Shakespeare: ¡cuánto tiene que haber sufrido un hombre para necesitar hasta tal grado ser un bufón! – ¿Se *comprende* el *Hamlet?* No la duda, la *certeza* es lo que vuelve loco... Pero para sentir así es necesario ser profundo, ser abismo, ser filósofo... Todos nosotros tenemos *miedo* de la verdad... Y, lo confieso: instintivamente estoy seguro y cierto de que lord Bacon es el iniciador, el autotorturador experimental de esta especie de literatura, la más siniestra de todas: ¿qué *me* importa la miserable charlatanería de esas caóticas y planas cabezas norteamericanas? Pero la fuerza para el realismo más poderoso de la visión no sólo es compatible con la más poderosa fuerza para la acción, para lo monstruoso de la acción, para el crimen – *los presupone incluso...* No conocemos, ni de lejos, suficientes cosas de lord Bacon, el primer realista en todo sentido grande de esta palabra, para saber todo *lo que* él ha hecho, *lo que* él ha querido, *lo que* él ha experimentado dentro de sí... Y ¡al diablo, señores críticos! Suponiendo que yo hubiera bautizado mi *Zaratustra* con un nombre ajeno, el de Richard Wagner por ejemplo, la perspicacia de dos milenios no habría bastado para adivinar que el autor de *Humano, demasiado humano* es el visionario del *Zaratustra...*

5

Ahora que estoy hablando de las recreaciones de mi vida necesito decir una palabra para expresar mi gratitud por aquello que, con mucho, más profunda y cordialmente me ha recreado. Esto ha sido, sin ninguna duda, el trato íntimo con Richard Wagner. Doy por poco el resto de mis relaciones humanas; mas por nada del mundo quisiera yo apartar de mi vida los días de Tribschen, días de confianza, de jovialidad, de azares sublimes – de instantes *profundos*... No sé las vivencias que otros habrán tenido con Wagner: sobre nuestro cielo no pasó jamás nube alguna. – Y con esto vuelvo una vez más a Francia; – no tengo argumentos, tengo simplemente una mueca de desprecio contra los wagnerianos *et hoc genus omne* [y toda esa gente] que creen honrar a Wagner encontrándolo semejante *a sí mismos*... Dado que yo soy extraño, en mis instintos más profundos, a todo lo que es alemán, hasta el punto de que la mera proximidad de una persona alemana me retarda la digestión, el primer contacto con Wagner fue también el primer respiro libre en mi vida: lo sentí, lo veneré como *tierra extranjera,* como antítesis, como viviente protesta contra todas las «virtudes alemanas». – Nosotros, los que respiramos de niños el aire cenagoso de los años cincuenta, somos por necesidad pesimistas respecto al concepto de «alemán»; nosotros no podemos ser otra cosa que revolucionarios, – nosotros no admitiremos ningún estado de cosas en que domine *el santurrón*. Me es completamente indiferente el que el santurrón represente hoy la comedia vestido con colores distintos, el que se vista de escarlata o se ponga uniformes de húsar... ¡Bien! Wagner era un revolucionario – huía de los alemanes... Quien es *artista* no tiene, en cuanto tal, patria alguna en Europa excepto en París; la *délicatesse* [delicadeza] en todos los cinco sentidos del arte presupuesta por el arte de Wagner, la mano para las *nuances* [matices], la morbosidad psicológica se encuentran únicamente en París. En ningún otro sitio se tiene esa pasión en cuestiones de forma, esa seriedad en la *mise en scène* [puesta en escena] – es la seriedad parisense *par excellence*. En Alemania no se tiene ni la menor idea de la gigantesca ambición que alienta en el alma de un artista parisiense. El alemán es bondadoso, Wagner no lo era en absoluto... Pero ya he dicho bastante (en *Más allá del bien y del mal,* pp. 256 s.[52]) sobre cuál es el sitio a que Wagner corresponde, sobre quiénes son sus parientes más próximos: es el tardío romanticismo francés, aquella especie arrogante y arrebatadora de artistas como Delacroix, como Berlioz, con un *fond* [fondo] de enfermedad, de incurabilidad en su ser, puros fanáticos de la *expresión,* virtuosos de arriba abajo... ¿Quién fue el primer partidario *inteligente* de Wagner? Charles Baudelaire[53], el primero también en entender a Delacroix, Baudelaire, aquel *décadent* típico, en el que se ha reconocido una generación entera de artistas – acaso él haya sido también el último... ¿Lo que no le he perdonado nunca a Wagner? El haber *condescendido* con los alemanes, el haberse convertido en alemán del *Reich*... A donde Alemania llega, *corrompe* la cultura. –

6

Teniendo en cuenta unas cosas y otras yo no habría soportado mi juventud sin música wagneriana. Pues yo estaba *condenado* a los alemanes. Cuando alguien quiere escapar a una presión intolerable necesita hachís. Pues bien, yo necesitaba Wagner. Wagner es el contraveneno *par excellence* de todo lo alemán – veneno, no lo niego... desde el instante en que hubo una partitura para piano del *Tristán*[54] –¡muchas gracias, señor von Bulow!– fui wagneriano. Las obras anteriores de Wagner las consideraba situadas por debajo de mí, demasiado vulgares todavía, demasiado «alemanas»... Pero aún hoy busco una obra que posea una fascinación tan peligrosa, una infinitud tan estremecedora y dulce como el *Tristán,* – en vano busco en todas las artes. Todas las cosas peregrinas de Leonardo da Vinci pierden su encanto a la primera nota del *Tristán.* Esta obra es absolutamente el *non plus ultra* de Wagner; con *Los Maestros Cantores* y con *El Anillo* descansó de ella. Volverse más sano – esto es un *paso atrás* en una naturaleza como Wagner... Considero una suerte de primer rango el haber vivido en el momento oportuno y el haber vivido cabalmente entre alemanes para estar *maduro* para esta obra: tan lejos llega en mí la curiosidad del psicólogo. Pobre es el mundo para quien nunca ha estado lo bastante enfermo para gozar de esa «voluptuosidad del infierno»: está permitido, está casi mandado emplear aquí una fórmula de los místicos. Pienso que yo conozco mejor que nadie las hazañas gigantescas que Wagner es capaz de realizar, los cincuenta mundos de extraños éxtasis para volar hacia los cuales nadie excepto él ha tenido alas; y como soy lo bastante fuerte para transformar en ventaja para mí incluso lo más problemático y peligroso, haciéndome así más fuerte, llamo a Wagner el gran benefactor de mi vida. Aquello en que somos afines, el haber sufrido, también uno a causa del otro, más hondamente de lo que hombres de este siglo serían capaces de sufrir, volverá a unir nuestros nombres eternamente; y así como es cierto que entre alemanes Wagner no es más que un malentendido, así es cierto que también yo lo soy y lo seré siempre. – ¡Dos siglos de disciplina psicológica y artística *primero,* señores alemanes!... Pero una cosa así no se recupera. –

7[55]

– Voy a decir todavía unas palabras para los oídos más selectos: qué es lo que yo quiero en realidad de la música. Que sea jovial y profunda, como un mediodía de octubre. Que sea singular, traviesa, tierna, una dulce mujercita llena de perfidia y encanto... No admitiré nunca que un alemán *pueda* saber lo que es música. Los llamados músicos alemanes, ante todo los más grandes, son *extranjeros,* eslavos, croatas, italianos, holandeses – o judíos; en caso contrario, alemanes de la raza fuerte, alemanes *extintos,* como Heinrich Schütz, Bach y Händel. Yo mismo continúo siendo demasiado polaco para dar todo el resto de la música por Chopin: exceptúo, por tres razones, el *Idilio de Sigfredo*[56], de Wagner, acaso también a Listz, que sobrepuja a todos los músicos en los acentos aristocráticos de la orquesta; y por fin, además, todo lo que ha nacido más allá de los Alpes – *más acá*... Yo no sabría pasarme sin Rossini y aun menos sin lo que constituye *mi* sur en la música, la música de mi *maestro* veneciano *Pietro Gasti*[57]. Y cuando digo más acá de los Alpes, propiamente digo sólo Venecia. Cuando busco otra palabra para decir música, encuentro siempre tan sólo la palabra Venecia. No sé hacer ninguna diferencia entre lágrimas y música, no sé pensar la felicidad, el *sur,* sin estremecimientos de pavor.

Junto al puente me hallaba
hace un instante en la grisácea noche.
Desde lejos un cántico venía:
gotas de oro rodaban una a una
sobre la temblorosa superficie.
Todo, góndolas, luces y la música–
ebrio se deslizaba hacia el crepúsculo...

Instrumento de cuerda, a sí mi alma,
de manera invisible conmovida,
en secreto cantábase, temblando
ante los mil colores de su dicha,
una canción de góndola.
¿Alguien había que escuchase a mi alma?...

8

En todo esto –en la elección de alimentos, de lugar y clima, de recreaciones– reina un instinto de autoconservación que se expresa de la manera más inequívoca en forma de instinto de *autodefensa.* Muchas cosas no verlas, no oírlas, no dejar que se nos acerquen – primera cordura, primera prueba de que no se es un azar, sino una necesidad. La palabra corriente para expresar tal instinto de autodefensa es *gusto.* Su imperativo no sólo ordena decir no allí donde el sí representaría un «desinterés», sino también *decir no lo menos posible.* Separarse, alejarse de aquello a lo cual haría falta decir no una y otra vez. La razón en esto está en que los gastos defensivos, incluso los muy pequeños, si se convierten en regla, en hábito, determinan un empobrecimiento extraordinario y completamente superfluo. Nuestros *grandes* gastos son los gastos pequeños y pequeñísimos. El rechazar, el no-dejar-acercarse a las cosas, es un gasto –no haya engaño en esto–, una fuerza *derrochada* en finalidades negativas. Simplemente por la continua necesidad de defenderse puede uno llegar a volverse tan débil que ya no pueda defenderse. – Supongamos que yo saliese de casa y encontrase, en vez del tranquilo y aristocrático Turín, la pequeña ciudad alemana: mi instinto tendría que bloquearse para rechazar todo lo que en él penetraría de ese mundo aplastado y cobarde. O que encontrase la gran ciudad alemana, ese vicio hecho edificios, un lugar en donde nada crece, en donde toda cosa, buena o mala, ha sido traída de fuera. ¿No tendría yo que convertirme en un *erizo?* – Pero tener púas es una dilapidación, incluso un lujo doble, cuando somos dueños de no tener púas, sino manos *abiertas*...

Otra listeza y autodefensa consiste en *reaccionar las menos veces posible* y en eludir las situaciones y condiciones en que se estaría condenado a exhibir, por así decirlo, la propia «libertad», la propia iniciativa, y a convertirse en un mero reactivo. Tomo como imagen el trato con los libros. El docto, que en el fondo no hace ya otra cosa que «revolver» libros –el filólogo corriente, unos doscientos al día–, acaba por perder íntegra y totalmente la capacidad de pensar por cuenta propia. Si no revuelve libros, no piensa. *Responde* a un estímulo (un pensamiento leído) cuando piensa, – al final lo único que hace ya es reaccionar. El docto dedica toda su fuerza a decir sí y a decir no, a la crítica de cosas ya pensadas, – él mismo ya no piensa... El instinto de autodefensa se ha reblandecido en él; en caso contrario, se defendería contra los libros. El docto – un *décadent.* – Esto lo he visto yo con mis propios ojos: naturalezas bien dotadas, con una constitución rica y libre, ya a los treinta años «leídas hasta la ruina», reducidas ya a puras cerillas, a las que es necesario frotar para que den chispas – «pensamiento». – Muy temprano, al amanecer el día, en la frescura, en la aurora de su fuerza, leer un *libro* – ¡a esto yo lo califico de vicioso! – –

9

En este punto no es posible eludir ya el dar la auténtica respuesta a la pregunta de *cómo se llega a ser lo que se es.* Y con ello rozo la obra maestra en el arte de la autoconservación, – del *egoísmo...* Suponiendo, en efecto, que la tarea, la destinación, el *destino* de la tarea superen en mucho la medida ordinaria, ningún peligro sería mayor que el enfrentarse cara a cara a esa tarea. El llegar a ser lo que se es presupone el no barruntar ni de lejos *lo que* se es. Desde este punto de vista tienen su sentido y valor propios incluso los *desaciertos* de la vida, los momentáneos caminos secundarios y errados, los retrasos, las «modestias», la seriedad dilapidada en tareas situadas más allá de *la* tarea. En todo esto puede expresarse una gran cordura, incluso la cordura más alta: cuando el *nosce te ipsum* [conócete a ti mismo] sería la receta para perecer, entonces el olvidar-se, el *malentender*-se, el empequeñecer-se, el estrechar-se, el mediocrizar-se se transforman en la razón misma. Expresado de manera moral: amar al prójimo, vivir para otros y para otra cosa *pueden* ser la medida de defensa para conservar la más dura mismidad. Es éste el caso excepcional en que, contra mi regla y mi convencimiento, me incliné por los impulsos «desinteresados»: ellos trabajan aquí al servicio del *egoísmo,* de la *cría de un ego.* – Es preciso mantener la superficie de la consciencia –la consciencia *es* una superficie– limpia de cualquiera de los grandes imperativos. ¡Cuidado incluso con toda palabra grande, con toda gran actitud! Puros peligros de que el instinto «se entiende» demasiado pronto. – – Entretanto sigue creciendo en la profundidad la «idea» organizadora, la idea llamada a dominar, – comienza a dar órdenes, nos *saca* lentamente, con su guía, de los caminos secundarios y equivocados, prepara cualidades y capacidades *singulares* que alguna vez demostrarán ser indispensables como medios para el todo, – ella va configurando una tras otra todas las facultades *subalternas* antes de dejar oír algo de la tarea dominante, de la «meta», la «finalidad», el «sentido». – Contemplada en este aspecto, mi vida es sencillamente prodigiosa. Para la tarea de una *transvaloración de los valores* eran tal vez necesarias más facultades que las que jamás han coexistido en un solo individuo, sobre todo también antítesis de facultades, sin que a éstas les fuera lícito estorbarse unas a otras, destruirse mutuamente. Jerarquía de las facultades; distancia; el arte de separar sin enemistar; no mezclar nada, no «conciliar» nada; una multiplicidad enorme, que es, sin embargo, lo contrario del caos – ésta fue la condición previa, el trabajo y el arte prolongados y secretos de mi instinto. Su *alto patronato* se mostró tan fuerte que yo en ningún caso he barruntado siquiera lo que en mí crece, – y así todas mis fuerzas *aparecieron* un día súbitas, maduras, en su perfección última. En mi recuerdo falta el que yo me haya esforzado alguna vez, – no es posible detectar en mi vida rasgo alguno de *lucha,* yo soy la antítesis de una naturaleza heroica. «Querer» algo, «aspirar» a algo, proponerse una «finalidad», un «deseo» – nada de esto lo conozco yo por experiencia propia. Todavía en este instante miro hacia mi futuro –¡un *vasto* futuro!– como hacia un mar liso: ningún deseo se encrespa en él. No tengo el menor deseo de que algo se vuelva distinto de lo que es; yo mismo no quiero volverme distinto. Pero así he vivido siempre. No he tenido ningún deseo. ¡Soy alguien que, habiendo cumplido ya los cuarenta y cuatro años, puede decir que no se ha esforzado jamás por poseer *honores, mujeres, dinero!* No es que me hayan faltado... Así, por ejemplo, un día fui catedrático de Universidad –nunca había pensado ni de lejos en cosa semejante, pues entonces apenas tenía yo veinticuatro años–. Y así un día fui, dos años antes, filólogo: en el sentido de que mi *primer* trabajo filológico[58], mi comienzo en todos los aspectos, me fue solicitado por mi maestro Ritschl[59] para publicarlo en su *Rheinisches Museum (Ritschl* –lo digo con veneración–, el único docto genial que me ha sido dado conocer hasta hoy. Él poseía aquella agradable corrupción que nos distingue a los de Turingia y con la que incluso un alemán se vuelve simpático: – nosotros, para llegar a la verdad, continuamos prefiriendo los caminos tortuosos. Con estas palabras no quisiera en absoluto haber infravalorado a mi cercano paisano, el *inteligente* Leopold von Ranke[60]...).

10

En este punto hace falta una gran reflexión. Se me preguntará cuál es la auténtica razón de que yo haya contado todas estas cosas pequeñas y, según el juicio tradicional, indiferentes; al hacerlo me perjudico a mí mismo, tanto más si estoy destinado a representar grandes tareas. Respuesta: estas cosas pequeñas –alimentación, lugar, clima, recreación, toda la casuística del egoísmo– son inconcebiblemente más importantes que todo lo que hasta ahora se ha considerado importante. Justo aquí es preciso comenzar a *cambiar lo aprendido*. Las cosas que la humanidad ha tomado en serio hasta este momento no son ni siquiera realidades, son meras imaginaciones o, hablando con más rigor, *mentiras* nacidas de los instintos malos de naturalezas enfermas, de naturalezas nocivas en el sentido más hondo – todos los conceptos «Dios», «alma», «virtud», «pecado», «más allá», «verdad», «vida eterna»... Pero en esos conceptos se ha buscado la grandeza de la naturaleza humana, su «divinidad»... Todas las cuestiones de la política, del orden social, de la educación han sido hasta ahora falseadas íntegra y radicalmente por el hecho de haber considerado hombres grandes a los hombres más nocivos, – por el hecho de haber aprendido a despreciar las cosas «pequeñas», quiero decir los asuntos fundamentales de la vida misma... Nuestra cultura actual es ambigua en sumo grado... ¡El emperador alemán pactando con el papa[61], como si el papa no fuera el representante de la enemistad mortal contra la vida!... Lo que hoy se construye ya no se tiene en pie al cabo de tres años. – Si me mido por lo que yo *puedo* hacer, para no hablar de lo que viene detrás de mí, una subversión, una construcción sin igual, tengo más derecho que ningún otro mortal a la palabra grandeza[62]. y si me comparo con los hombres a los que hasta ahora se ha honrado como a los hombres *primeros,* la diferencia es palpable. A estos presuntos «primeros» yo no los considero siquiera hombres, para mí son desecho de la humanidad, engendros de enfermedad y de instintos vengativos: son simplemente monstruos funestos y, en el fondo, incurables, que se vengan de la vida... Yo quiero ser la antítesis de ellos: mi privilegio consiste en poseer la suprema finura para percibir todos los signos de instintos sanos. Falta en mí todo rasgo enfermizo; yo no he estado enfermo ni siquiera en épocas de grave enfermedad; en vano se buscará en mi ser un rasgo de fanatismo. No podrá demostrarse, en ningún instante de mi vida, actitud alguna arrogante o patética. El *pathos* de la afectación *no* corresponde a la grandeza; quien necesita adoptar actitudes afectadas es *falso...* ¡Cuidado con todos los hombres extravagantes! – La vida se me ha hecho ligera, y más ligera que nunca cuando exigió de mí lo más pesado. Quien me ha visto en los setenta días de este otoño, durante los cuales he producido sencillamente, sin pausa, cosas de primera categoría, que ningún hombre volverá a hacer después de mí – ni ha hecho antes de mí, con una responsabilidad para con todos los siglos que me siguen, no habrá percibido en mí rasgo alguno de tensión, antes bien una frescura y una jovialidad exuberantes. Nunca he comido con sentimientos más agradables, no he dormido jamás mejor. – No conozco ningún otro modo de tratar con tareas grandes que el *juego:* éste es, como indicio de la grandeza, un presupuesto esencial. La más mínima compulsión, el gesto sombrío, cualquier tono duro en la garganta son, en su integridad, objeciones contra la persona, ¡y mucho más contra su obra!... No es lícito tener nervios... También el *sufrir* por la soledad es una objeción; yo no he sufrido nunca más que por la «muchedumbre»... En una época absurdamente temprana, a los siete años[63], ya sabía yo que nunca llegaría hasta mí una palabra humana: ¿se me ha visto alguna vez ensombrecido por esto? – Yo muestro todavía hoy la misma afabilidad para con cualquiera, yo estoy incluso lleno de distinciones para con los más humildes: en todo esto no hay ni una pizca de orgullo, de secreto desprecio. Aquel a *quien* yo desprecio *adivina* que es despreciado por mí: con mi mero existir ofendo a todo lo que tiene mala sangre en el cuerpo... Mi fórmula para expresar la grandeza en el hombre es *amor fati* [amor al destino]: el no querer que nada sea distinto ni en el pasado ni en el futuro ni por toda la eternidad. No sólo soportar lo necesario, y aun menos disimularlo –todo idealismo es mendacidad frente a lo necesario–, sino *amarlo*...

Por qué escribo yo libros tan buenos

1

Una cosa soy yo, otra cosa son mis escritos. – Antes de hablar de ellos tocaré la cuestión de si han sido comprendidos o *in*-comprendidos. Lo hago con la dejadez que, de algún modo, resulta apropiada, pues no ha llegado aún el tiempo de hacer esa pregunta. Tampoco para mí mismo ha llegado aún el tiempo, algunos nacen póstumamente[64]. – Algún día se sentirá la necesidad de instituciones en que se viva y se enseñe como yo sé vivir y enseñar; tal vez, incluso, se creen entonces también cátedras especiales dedicadas a la interpretación del *Zaratustra*. Pero estaría en completa contradicción conmigo mismo si ya hoy esperase yo encontrar oídos *y manos* para *mis* verdades: que hoy no se me oiga, que hoy no se sepa tomar nada de mí, eso no sólo es comprensible, eso me parece incluso lo justo. No quiero ser confundido con otros, – para ello, tampoco yo debo confundirme a mí mismo con otros. – Lo repito, en mi vida se puede señalar muy poco de «malvada voluntad»; tampoco de «malvada voluntad» literaria podría yo narrar apenas caso alguno. En cambio, demasiado de *estupidez pura*[65]... Tomar en las manos un libro mío me parece una de las más raras distinciones que alguien puede concederse, – yo supongo incluso que para hacerlo se quitará los guantes, para no hablar de las botas... Cuando en una ocasión el doctor Heinrich von Stein se quejó honestamente de no entender una palabra de mi *Zaratustra,* le dije que me parecía natural: haber comprendido seis frases de ese libro, es decir, haberlas *vivido,* eleva a los mortales a un nivel superior a aquel que los hombres «modernos» podrían alcanzar. Poseyendo *este* sentimiento de la distancia, ¡cómo *podría* yo ni siquiera desear ser leído por los «modernos» que conozco! – Mi triunfo es precisamente el opuesto del de Schopenhauer, – yo digo *non legor, non legar*[66] [no soy leído, no seré leído]. – No es que yo quiera infravalorar la satisfacción que me ha producido muchas veces la *inocencia* con que se ha dicho no a mis escritos. Todavía este verano, en una época en la cual con el peso, con el excesivo peso de mi literatura, tal vez podría yo desnivelar la balanza con todo el resto de la literatura, un catedrático de la Universidad de Berlín me dio a entender benévolamente que debería servirme de una forma distinta, pues cosas así no las lee nadie. – Últimamente no ha sido Alemania, sino Suiza, la que ha ofrecido los dos casos extremos. Un artículo del doctor V. Widmann publicado en el *Bund* sobre *Más allá del bien y del mal,* con el título «El peligroso libro de Nietzsche»[67], y una reseña global sobre mis libros, escrita por el señor Karl Spitteler[68], asimismo en el *Bund,* representan un *maximum* en mi vida – me guardo de decir de qué... El último consideraba, por ejemplo, mi *Zaratustra* como un «superior ejercicio de estilo» y expresaba el deseo de que en adelante me ocupase también del contenido; el doctor Widmann me manifestaba su aprecio por el valor con que me esfuerzo en abolir todos los sentimientos decentes[69]. Por una pequeña malicia del azar, en este artículo cada frase era, con una coherencia que he admirado, una verdad puesta del revés: en el fondo bastaba con «transvalorar todos los valores» para dar, incluso de un modo notable, a propósito de mí, en la cabeza del clavo, – en lugar de dar con un clavo en mi cabeza... Con tanto mayor motivo intento ofrecer una explicación. – En última instancia nadie puede escuchar en las cosas, incluidos los libros, más de lo que ya sabe. Se carece de oídos para escuchar aquello a lo cual no se tiene acceso desde la vivencia. Imaginémonos el caso extremo de que un libro no hable más que de vivencias que, en su totalidad, se encuentran situadas más allá de la posibilidad de una experiencia frecuente o, también, poco frecuente, – de que sea el *primer* lenguaje para expresar una serie nueva de experiencias. En este caso, sencillamente, no se oye nada, lo cual produce la ilusión acústica de creer que donde no se oye nada *no hay tampoco nada...* Ésta es, en definitiva, mi experiencia ordinaria y, si se quiere, la *originalidad* de mi experiencia. Quien ha creído haber comprendido algo de mí, ése ha rehecho algo mío a su imagen – no raras veces le ha salido lo opuesto a mí, por ejemplo un «idealista»; quien no había entendido nada de mí negaba que yo hubiera de ser tenido siquiera en cuenta – . La palabra *«superhombre»,* que designa un tipo de óptima constitución, en contraste con los hombres «modernos», con los hombres «buenos», con los cristianos y demás nihilistas – una palabra que, en boca de Zaratustra, el *aniquilador* de la moral, se convierte en una palabra muy digna de reflexión, ha sido entendida casi en todas partes, con total inocencia, en el sentido de aquellos valores cuya antítesis se ha manifestado en la figura de Zaratustra, es decir, ha sido entendida como tipo «idealista» de una especie superior de hombre, mitad «santo», mitad «genio»... – Otros doctos animales con cuernos me han achacado, por su parte, darwinismo; incluso se ha redescubierto aquí el «culto de los héroes», tan duramente rechazado por mí, de aquel gran falsario involuntario e inconsciente que fue Carlyle[70]. Y a una persona a quien le soplé al oído que debería buscar un Cesare Borgia más bien que un Parsifal, no dio crédito a sus oídos[71]. – Habrá de perdonárseme el que yo no sienta curiosidad alguna por las recensiones de mis libros, sobre todo por las de periódicos. Mis amigos, mis editores lo saben y no me hablan de ese asunto. En un caso especial tuve ocasión de ver con mis propios ojos todo lo que se había perpetrado contra un solo libro mío – era *Más allá del bien y del mal;* sobre esto podría escribir toda una historia. ¿Se creerá que la *Nationalzeitung* –un periódico prusiano, lo digo para mis lectores extranjeros, pues yo no leo, con permiso, más que el *Journal des Débats*– ha sabido ver en ese libro, con absoluta seriedad, un «signo de los tiempos», la auténtica y verdadera *filosofía de los Junker* [hidalgos], para adoptar la cual sólo le faltaba a la *Kreuzzeitung*[72] coraje?...

2

Esto iba dicho para alemanes, pues en todos los demás lugares tengo yo lectores, todos ellos inteligencias *selectas,* caracteres probados, educados en altas posiciones y en elevados deberes; tengo incluso verdaderos genios entre mis lectores. En Viena, en San Petersburgo, en Estocolmo, en París y Nueva York – en todas partes estoy descubierto; pero *no* en el país plano de Europa, Alemania[73]... Y, lo confieso, me alegro aun más de mis no-lectores, de aquellos que jamás han oído ni mi nombre ni la palabra filosofía; pero a cualquier lugar que llego, aquí en Turín por ejemplo, todos los rostros se alegran y se ponen benévolos al verme. Lo que más me ha lisonjeado hasta ahora es que algunas viejas vendedoras de frutas no descansan hasta haber escogido para mí los racimos más dulces de sus uvas[74]. *Hasta ese punto* hay que ser filósofo... No en vano se dice que los polacos son los franceses entre los eslavos. Una rusa encantadora no se engañará ni un instante sobre mi origen. No consigo ponerme solemne, a lo más que llego es al azoramiento... Pensar en alemán, sentir en alemán – yo puedo hacerlo todo, pero *esto* supera mis fuerzas... Mi viejo maestro Ritschl llegó a afirmar que aun mis trabajos filológicos yo los concebía como un *romancier* [novelista] parisiense – absurdamente excitantes. En el propio París están asombrados de *toutes mes audaces et finesses* [todas mis audacias y sutilezas] –la expresión es de Monsieur Taine[75]–; temo que hasta en las formas supremas del ditirambo se encuentre en mí un poco de aquella sal que nunca se vuelve fastidiosa –«alemana»–, que haya en ellos *esprit*... Soy incapaz de obrar de otro modo. ¡Dios me ayude! Amén[76]. – Todos nosotros sabemos, algunos lo saben incluso por experiencia propia, qué es un animal de orejas largas. Bien, me atrevo a afirmar que yo tengo las orejas más pequeñas que existen. Esto interesa no poco a las mujercitas, – me parece que se sienten comprendidas mejor por mí... Yo soy el *antiasno*[77] *par excellence* y, por lo tanto, un monstruo en la historia del mundo; yo soy, dicho en griego, y no sólo en griego, el *Anticristo*...

3

Yo conozco en cierta medida mis privilegios como escritor; en determinados casos puedo documentar incluso hasta qué punto la familiaridad con mis escritos «corrompe» el gusto. Sencillamente, no se soportan ya otros libros; y los que menos, los filosóficos. Es una distinción sin igual penetrar en este mundo aristocrático y delicado, – para hacerlo no es lícito en absoluto ser alemán; es, en definitiva, una distinción que hay que haber merecido. Pero quien es afín a mí por la *altura* del querer experimenta aquí verdaderos éxtasis del aprender[78], pues yo vengo de alturas que ningún ave ha sobrevolado jamás, yo conozco abismos en los que todavía no se ha extraviado pie ninguno. Se me ha dicho que no es posible dejar de la mano un libro mío, – que yo perturbo aun el reposo nocturno... No existe en absoluto una especie más orgullosa y, a la vez, más refinada de libros: – acá y allá alcanzan lo más alto que es posible alcanzar en la tierra, el cinismo; hay que conquistarlos con los dedos más delicados y asimismo con los puños más valientes. Toda decrepitud del alma, incluso toda dispepsia excluye de ellos, de una vez por todas: hace falta no tener nervios, hace falta tener un bajo vientre jovial. No sólo la pobreza, el aire rancio de un alma excluye de ellos, y mucho más la cobardía, la suciedad, la secreta ansia de venganza asentadas en los intestinos: una palabra mía saca a la luz todos los malos instintos. Entre mis conocidos tengo varios cobayas en los cuales observo la diversa, la muy instructivamente diversa reacción a mis escritos. Quien no quiere tener nada que ver con su contenido, por ejemplo mis así llamados amigos, se vuelve «impersonal» al leerlos: me felicita por haber llegado de nuevo «tan lejos», – también habría, dice, un progreso en una mayor jovialidad en el tono... Los «espíritus» completamente viciosos, las «almas bellas», los mendaces de pies a cabeza, no saben en absoluto qué hacer con estos libros, – en consecuencia, los ven por *debajo* de sí, hermosa conclusión lógica de todas las «almas bellas». El animal con cuernos entre mis conocidos, todos ellos alemanes, con perdón, me da a entender que no siempre es de mi opinión, pero que, sin embargo, acá y allá, por ejemplo... Esto lo he oído decir incluso del *Zaratustra*... De igual manera, todo «feminismo» en el ser humano, también en el varón, es una barrera para llegar a mí: jamás se entrará en este laberinto de conocimientos temerarios. Hace falta no haber sido nunca complaciente consigo mismo, hace falta contar la *dureza* entre los hábitos propios para encontrarse jovial y de buen humor entre verdades todas ellas duras. Cuando me represento la imagen de un lector perfecto, siempre resulta un monstruo de coraje y de curiosidad y, además, una cosa dúctil, astuta, cauta, un aventurero y un descubridor nato. Por fin: mejor que lo he dicho en el *Zaratustra* no sabría yo decir para quién únicamente hablo en el fondo; ¿a quién únicamente quiere contar él su enigma?

> A vosotros, los audaces buscadores e indagadores, y a quienquiera que alguna vez se haya lanzado con astutas velas a mares terribles, – a vosotros los ebrios de enigmas, que gozáis con la luz del crepúsculo, cuyas almas son atraídas con flautas a todos los abismos laberínticos:
>
> – pues no queréis, con mano cobarde, seguir a tientas un hilo; y allí donde podéis *adivinar,* odiáis el *deducir...*[79].

4

Voy a añadir ahora algunas palabras generales sobre mi *arte del estilo. Comunicar* un estado, una tensión interna de *pathos,* por medio de signos, incluido el *tempo* [ritmo] de esos signos – tal es el sentido de todo estilo; y teniendo en cuenta que la multiplicidad de los estados interiores es en mí extraordinaria, hay en mí muchas posibilidades del estilo–, el más diverso arte del estilo de que un hombre ha dispuesto nunca. Es *bueno* todo estilo que comunica realmente un estado interno, que no yerra en los signos, en el *tempo* de los signos, en los *gestos* –todas las leyes del período son arte del gesto–. Mi instinto es aquí infalible. – Buen estilo *en sí* – una *pura estupidez*[80], mero «idealismo», algo parecido a lo «bello *en sí»,* a lo «bueno *en sí»,* a la «cosa *en sí»...* Dando siempre por supuesto que haya oídos, – que haya hombres capaces y dignos de tal *pathos,* que no falten aquellos hombres con los que *es lícito* comunicarse. – Por ejemplo, mi *Zaratustra* busca todavía ahora esos hombres –¡ay!, ¡tendrá que buscarlos aún por mucho tiempo!– Es necesario ser *digno* de oírlo... Y hasta entonces no habrá nadie que comprenda el *arte* que aquí se ha prodigado: jamás nadie ha podido derrochar tantos medios artísticos nuevos, inauditos, creados en realidad por vez primera para esta circunstancia. Quedaba por demostrar que era posible tal cosa precisamente en lengua alemana: yo mismo, antes, lo habría rechazado con la mayor dureza. Antes de mí no se sabe lo que es posible hacer con la lengua alemana – lo que, en absoluto, es posible hacer con la lengua. – El arte del *gran* ritmo, el *gran* estilo de los períodos para expresar un inmenso arriba y abajo de pasión sublime, de pasión sobrehumana, yo he sido el primero en descubrirlo; con un ditirambo como el último del *tercer Zaratustra,* titulado «Los siete sellos», he volado miles de millas más allá de todo lo que hasta ahora se llamaba poesía.

5

– Que en mis escritos habla un *psicólogo* sin igual, tal vez sea ésta la primera conclusión a que llega un buen lector – un lector como yo lo merezco, que me lea como los buenos filólogos de otros tiempos leían a su Horacio. Las tesis sobre las cuales está de acuerdo en el fondo todo el mundo, para no hablar de los filósofos de todo el mundo, los moralistas y otras cazuelas vacías, cabezas de repollo[81], – aparecen en mí como ingenuidades del desacierto; por ejemplo, aquella creencia de que «no egoísta» y «egoísta» son términos opuestos, cuando en realidad el *ego* [yo] mismo no es más que una «patraña superior», un «ideal»... No hay *ni* acciones egoístas *ni* acciones no-egoístas: ambos conceptos son un contrasentido psicológico. O la tesis «el hombre aspira a la felicidad»... O la tesis «la felicidad es la recompensa de la virtud»... O la tesis «placer y displacer son términos contrapuestos»... La Circe de la humanidad, la moral, ha falseado *–moralizado–* de pies a cabeza todos los asuntos psicológicos hasta llegar a aquel horrible sinsentido de que el amor debe ser algo «no-egoísta»... Es necesario estar firmemente asentado *en sí mismo,* es necesario apoyarse valerosamente sobre las propias piernas, pues de otro modo no es *posible* amar. Esto lo saben demasiado bien, en definitiva, las mujercitas: no saben qué diablos hacer con hombres desinteresados, con hombres meramente objetivos... ¿Me es lícito atreverme a expresar de paso la sospecha de que yo *conozco* a las mujercitas? Esto forma parte de mi dote dionisiaca. ¿Quién sabe? Tal vez sea yo el primer psicólogo de lo eterno femenino. Todas ellas me aman – una vieja historia: descontando las mujercitas *lisiadas,* las «emancipadas», a quienes les falta la herramienta para tener hijos. – Por fortuna, yo no tengo ningún deseo de dejarme desgarrar: la mujer perfecta desgarra cuando ama... Conozco a esas amables ménades... ¡Ay, qué peligrosos, insinuantes, subterráneos animalillos de presa!, ¡y tan agradables además!... Una mujercita que persigue su venganza sería capaz de atropellar al destino mismo. – La mujer es indeciblemente más malvada que el hombre, también más lista; la bondad en la mujer es ya una forma de *degeneración*... Hay en el fondo de todas las denominadas «almas bellas» un defecto fisiológico, – no lo digo todo, pues de otro modo me volvería medi-cínico. La lucha por la *igualdad* de derechos es incluso un síntoma de enfermedad: todo médico lo sabe. – Cuanto más mujer es la mujer, tanto más se defiende con manos y pies contra los derechos en general: el estado natural, la *guerra eterna* entre los sexos, le otorga con mucho el primer puesto. – ¿Se ha tenido oídos para escuchar mi definición del amor? Es la única digna de un filósofo. – Amor – en sus medios la guerra, en su fondo el odio mortal de los sexos[82]. – ¿Se ha oído mi respuesta a la pregunta sobre cómo se *cura* a una mujer, sobre cómo se la «redime»? Se le hace un hijo. La mujer necesita hijos, el varón no es nunca nada más que un medio, así habló Zaratustra[83]. «Emancipación de la mujer», – esto representa el odio instintivo de la mujer *mal constituida,* es decir, incapaz de procrear, contra la mujer bien constituida; – la lucha contra el «varón» no es nunca más que un medio, un pretexto, una táctica. Al elevarse a *sí misma* como «mujer en sí», como «mujer superior», como «mujer idealista», quiere *rebajar* el nivel general de la mujer; ningún medio más seguro para esto que estudiar bachillerato, llevar pantalones y tener los derechos políticos del animal electoral. En el fondo las mujeres emancipadas son las *anarquistas* en el mundo de lo «eterno femenino», las fracasadas, cuyo instinto más radical es la venganza... Todo un género del más maligno «idealismo» –que, por lo demás, también se da entre varones, por ejemplo en Henrik Ibsen, esa típica soltera vieja– tiene como meta *envenenar* la buena conciencia, lo que en el amor sexual es naturaleza... Y para no dejar ninguna duda sobre mi mentalidad, tan *honnête* [honesta] como rigurosa a este propósito, voy a exponer otra proposición de mi código moral contra el *vicio;* bajo el nombre de vicio yo combato toda clase de contranaturaleza o, si se aman las bellas palabras, de idealismo. El principio dice así: «La predicación de la castidad es una incitación pública a la contranaturaleza. Todo desprecio de la vida sexual, toda impurificación de esa vida con el concepto de "impuro", es el auténtico pecado contra el espíritu santo de la vida»[84]. –

6

Para dar una idea de mí como psicólogo recojo aquí un curioso fragmento de psicología que aparece en *Más allá del bien y del mal*[85], – yo prohíbo, por lo demás, toda conjetura acerca de quién es el descrito por mí en este pasaje. «El genio del corazón, tal como lo posee aquel gran oculto, el dios-tentador y cazarratas nato de las conciencias, cuya voz sabe descender hasta el inframundo de toda alma, que no dice una palabra, no lanza una mirada en las que no haya un propósito y un guiño de seducción, de cuya maestría forma parte el saber parecer – y no aquello que él es, sino aquello que constituye, para quienes lo siguen, una compulsión *más* para acercarse cada vez más a él, para seguirle de un modo cada vez más íntimo y radical: – el genio del corazón, que a todo lo que es ruidoso y se complace en sí mismo lo hace enmudecer y le enseña a escuchar, que pule las almas rudas y les da a gustar un nuevo deseo, – el de estar quietas como un espejo, para que el cielo profundo se refleje en ellas–; el genio del corazón, que a la mano torpe y apresurada le enseña a vacilar y a coger las cosas con mayor delicadeza, que adivina el tesoro oculto y olvidado, la gota de bondad y de dulce espiritualidad escondida bajo el hielo grueso y opaco y es una varita mágica para todo grano de oro que yació largo tiempo sepultado en la prisión del mucho cieno y arena; el genio del corazón, de cuyo contacto todo el mundo sale más rico, no agraciado y sorprendido, no beneficiado y oprimido como por un bien ajeno, sino más rico de sí mismo, más nuevo que antes, removido, oreado y sonsacado por un viento tibio, tal vez más inseguro, más delicado, más frágil, más quebradizo, pero lleno de esperanzas que aún no tienen nombre, lleno de nueva voluntad y nuevo fluir, lleno de nueva contravoluntad y nuevo refluir...»

El nacimiento de la tragedia

1

Para ser justos con *El nacimiento de la tragedia* (1872) será necesario olvidar algunas cosas. Ha *influido* e incluso fascinado por lo que tenía de errado, por su aplicación al *wagnerismo,* como si éste fuese un síntoma de *ascensión.* Este escrito fue, justo por ello, un acontecimiento en la vida de Wagner: sólo a partir de aquel instante se pusieron grandes esperanzas en su nombre. Todavía hoy se me recuerda a veces, en las discusiones sobre *Parsifal,* que en realidad *yo* tengo sobre mi conciencia el hecho de que haya prevalecido una opinión tan alta sobre el *valor cultural* de ese movimiento. – He encontrado muchas veces citado este escrito como *El renacimiento de la tragedia en el espíritu de la música;* sólo se ha tenido oídos para percibir en él una nueva fórmula del arte, del propósito, de la *tarea de Wagner,* – en cambio no se oyó lo que de valioso encerraba en el fondo ese escrito. «Grecia y el pesimismo», éste habría sido un título menos ambiguo; es decir, una primera enseñanza acerca de cómo los griegos acabaron con el pesimismo, – de con qué lo *superaron*... Precisamente la tragedia es la prueba de que los griegos *no* fueron pesimistas: Schopenhauer se equivocó aquí, como se equivocó en todo. Examinándolo con cierta neutralidad, *El nacimiento de la tragedia* parece un escrito muy intempestivo: nadie imaginaría que fue *comenzado* bajo los truenos de la batalla de Wörth. Yo medité a fondo estos problemas ante los muros de Metz, en frías noches de septiembre, mientras trabajaba en el servicio de sanidad; podría creerse más bien que la obra fue escrita cincuenta años antes. Es políticamente indiferente –no «alemana», se dirá hoy–, desprende un repugnante olor hegeliano, sólo en algunas fórmulas está impregnada del amargo perfume cadavérico de Schopenhauer. Una «idea» –la antítesis dionisiaco y apolíneo–, traspuesta a lo metafísico; la historia misma, vista como el desenvolvimiento de esa «idea»; en la tragedia, la antítesis superada en unidad; desde esa óptica, cosas que jamás se habían mirado cara a cara, puestas súbitamente frente a frente, iluminadas y *comprendidas* unas por medio de otras... La ópera, por ejemplo, y la revolución... Las dos *innovaciones* decisivas del libro son, por un lado, la comprensión del fenómeno *dionisiaco* en los griegos: el libro ofrece la primera psicología de ese fenómeno, ve en él la raíz única de todo el arte griego. Lo segundo es la comprensión del socratismo: Sócrates, reconocido por vez primera como instrumento de la disolución griega, como *décadent* típico. «Racionalidad» *contra* instinto.

¡La «racionalidad» a cualquier precio, como violencia peligrosa, como violencia que socava la vida! – En todo el libro, un profundo, hostil silencio contra el cristianismo. Éste no es ni apolíneo ni dionisiaco; *niega* todos los valores *estéticos,* los únicos valores que *El nacimiento de la tragedia* reconoce: el cristianismo es nihilista en el más hondo sentido, mientras que en el símbolo dionisiaco se alcanza el límite extremo de la *afirmación.* En una ocasión se alude a los sacerdotes cristianos como una «pérfida especie de enanos», de «subterráneos»[86]...

2

Este comienzo es extremadamente notable. Yo había *descubierto* el único símbolo y la única réplica de mi experiencia más íntima que la historia posee, – justo por ello había sido yo el primero en comprender el maravilloso fenómeno de lo dionisiaco. Asimismo, por el hecho de reconocer a Sócrates como *décadent* había dado yo una prueba totalmente inequívoca de que la seguridad de mi garra psicológica no es puesta en peligro por ninguna idiosincrasia moral: – la moral misma entendida como síntoma de *décadence* es una innovación, una singularidad de primer rango en la historia del conocimiento. ¡Con estas dos ideas había saltado yo muy alto por encima de la lamentable charlatanería, propia de mentecatos, sobre optimismo *contra* pesimismo! – Yo fui el primero en ver la auténtica antítesis: – el instinto *degenerativo,* que se vuelve contra la vida con subterránea avidez de venganza (– el cristianismo, la filosofía de Schopenhauer, en cierto sentido ya la filosofía de Platón, el idealismo entero, como formas típicas), y una fórmula de la *afirmación suprema,* nacida de la abundancia, de la sobreabundancia, un decir sí sin reservas aun al sufrimiento, aun a la culpa misma, aun a todo lo problemático y extraño de la existencia... Este sí último, gozosísimo, exuberante, arrogantísimo dicho a la vida no es sólo la intelección suprema, sino también la *más honda,* la más rigurosamente confirmada y sostenida por la verdad y la ciencia. No hay que sustraer nada de lo que existe, nada es superfluo – los aspectos de la existencia rechazados por los cristianos y otros nihilistas pertenecen incluso a un orden infinitamente superior, en la jerarquía de los valores, que aquello que el instinto de *décadence* pudo lícitamente aprobar, *llamar bueno.* Para captar esto se necesita *coraje* y, como condición de él, un exceso de *fuerza:* pues nos acercamos a la verdad exactamente en la medida en que al coraje le es *lícito* osar ir hacia delante, exactamente en la medida de la fuerza. El conocimiento, el decir sí a la realidad, es para el fuerte una necesidad, así como son una necesidad para el débil, bajo la inspiración de su debilidad, la cobardía y la *huida* frente a la realidad – el «ideal»... El débil no es dueño de conocer: los *décadents* tienen *necesidad* de la mentira, ella es una de sus condiciones de conservación. – Quien no sólo comprende la palabra «dionisiaco», sino que se comprende *a sí mismo* en ella, no necesita ninguna refutación de Platón, o del cristianismo, o de Schopenhauer – *huele la putrefacción...*

3

En qué medida, justo con esto, había encontrado yo el concepto de lo «trágico» y había llegado al conocimiento definitivo de lo que es la psicología de la tragedia, es cosa que he vuelto a exponer últimamente en el *Crepúsculo de los ídolos,* p. 139[87]. «El decir sí a la vida incluso en sus problemas más extraños y duros; la voluntad de vida, regocijándose en su propia inagotabilidad al *sacrificar* a sus tipos más altos, – a *eso* fue a lo que yo llamé dionisiaco, *eso* fue lo que yo adiviné como puente que lleva a la psicología del poeta *trágico. No* para desembarazarse del espanto y la compasión, no para purificarse de un afecto peligroso mediante una vehemente descarga de ese afecto –así lo entendió Aristóteles–: sino para, más allá del espanto y la compasión, *ser nosotros mismos* el eterno placer del devenir, – ese placer que incluye en sí también el *placer* de *destruir...»* En este sentido tengo derecho a considerarme el primer *filósofo trágico* – es decir, la máxima antítesis y el máximo antípoda de un filósofo pesimista. Antes de mí no existe esta transposición de lo dionisiaco a un *pathos* filosófico: falta la *sabiduría trágica,* – en vano he buscado indicios de ella incluso en los *grandes* griegos de la filosofía, los de los dos siglos *anteriores* a Sócrates. Me ha quedado una duda con respecto a *Heraclito,* en cuya cercanía siento más calor y me encuentro de mejor humor que en ningún otro lugar. La afirmación del fluir *y del aniquilar,* que es lo decisivo en la filosofía dionisiaca, el decir sí a la antítesis y a la guerra, el *devenir,* el rechazo radical incluso del concepto mismo de «ser» – en esto tengo que reconocer, en cualquier circunstancia, lo más afín a mí entre lo que hasta ahora se ha pensado. La doctrina del «eterno retorno», es decir, del ciclo incondicional, infinitamente repetido, de todas las cosas – esta doctrina de Zaratustra *podría,* en definitiva, haber sido enseñada también por Heraclito. Al menos la Estoa, que ha heredado de Heraclito casi todas sus ideas fundamentales, conserva huellas de esa doctrina. –

4

En este escrito deja oír su voz una inmensa esperanza. Yo no tengo, en definitiva, motivo alguno para renunciar a la esperanza de un futuro dionisiaco de la música. Adelantemos nuestra mirada un siglo, supongamos que mi atentado contra los milenios de contranaturaleza y de violación del hombre tiene éxito. Aquel nuevo partido de la vida que tiene en sus manos la más grande de todas las tareas, la cría selectiva de la humanidad, incluida la inexorable aniquilación de todo lo degenerado y parasitario, hará posible de nuevo en la tierra aquella *demasía de vida* de la cual tendrá que volver a nacer también el estado dionisiaco. Yo prometo una edad *trágica:* el arte supremo en el decir sí a la vida, la tragedia, volverá a nacer cuando la humanidad tenga detrás de sí la consciencia de las guerras más duras, pero más necesarias, *sin sufrir por ello...* A un psicólogo le sería lícito añadir incluso que lo que en mis años jóvenes oí yo en la música wagneriana no tiene nada que ver en absoluto con Wagner; que cuando yo describía la música dionisiaca describía aquello que *yo* había oído, – que yo tenía que trasponer y transfigurar instintivamente todas las cosas al nuevo espíritu que llevaba dentro de mí. La prueba de ello, *tan fuerte como sólo una prueba puede serlo,* es mi escrito *Wagner en Bayreuth:* en todos los pasajes psicológicamente decisivos se habla únicamente de mí, – es lícito poner sin ningún reparo mi nombre o la palabra «Zaratustra» allí donde el texto pone la palabra «Wagner». La entera imagen del artista *ditirámbico*[88] es la imagen del poeta *preexistente* del *Zaratustra,* dibujado con abismal profundidad y sin rozar siquiera un solo instante la realidad wagneriana. Wagner mismo tuvo una noción de ello; no se reconoció en aquel escrito. – Asimismo, «el pensamiento de Bayreuth» se había transformado en algo que no será un concepto enigmático para los conocedores de mi *Zaratustra,* en aquel *gran mediodía* en que los elegidos entre todos se consagran a la más grande de todas las tareas – ¿quién sabe? La visión de una fiesta que yo viviré todavía... El *pathos* de las primeras páginas pertenece a la historia universal; la *mirada* de que se habla en la página séptima[89] es la genuina mirada de Zaratustra; Wagner, Bayreuth, toda la pequeña miseria alemana es una nube en la que se refleja un infinito espejismo del futuro. Incluso psicológicamente, todos los rasgos de mi naturaleza propia están inscritos en la de Wagner – la yuxtaposición de las fuerzas más luminosas y fatales, la voluntad de poder como jamás hombre alguno la ha poseído, la valentía brutal en lo espiritual, la fuerza ilimitada para aprender sin que la voluntad de acción quedase oprimida por ello. Todo en este escrito es un presagio: la cercanía del retorno del espíritu griego, la necesidad de *Antialejandros*[90] que vuelvan a *atar* el nudo gordiano de la cultura griega, después de que ha sido desatado... Óigase el acento histórico-universal con que se introduce en la página 30[91] el concepto de «mentalidad trágica»: todos los acentos de este escrito pertenecen a la historia universal. Ésta es la «objetividad» más extraña que puede existir: la absoluta certeza sobre lo que yo *soy* se proyectó sobre cualquier realidad casual, – la verdad sobre mí dejaba oír su voz desde una horrorosa profundidad. En la página 71[92] se describe y anticipa con incisiva seguridad el *estilo* del *Zaratustra;* y jamás se encontrará una expresión más grandiosa para describir el *acontecimiento* Zaratustra, el acto de una gigantesca purificación y consagración de la humanidad, que la que fue hallada en las páginas 43-46[93]. –

Las Intempestivas

1

Las cuatro *Intempestivas*[94] son íntegramente belicosas. Demuestran que yo no era ningún «Juan el Soñador», que me gusta desenvainar la espada, – acaso también que tengo peligrosamente suelta la muñeca. El *primer* ataque (1873) fue para la cultura alemana, a la que ya entonces miraba yo desde arriba con inexorable desprecio. Una cultura carente de sentido, de sustancia, de meta: una mera «opinión pública». No hay peor malentendido, decía yo, que creer que el gran éxito bélico de los alemanes prueba algo en favor de esa cultura – y, mucho menos, su victoria sobre Francia... La *segunda Intempestiva* (1874) descubre lo que hay de peligroso, de corrosivo y envenenador de la vida, en nuestro modo de hacer ciencia: – la vida, *enferma* de este engranaje y este mecanismo deshumanizados, enferma de la «*im*personalidad» del trabajador, de la falsa economía de la «división del trabajo». Se pierde la *finalidad,* esto es, la cultura: – el medio, el cultivo moderno de la ciencia, *barbariza...* En este tratado el «sentido histórico», del cual se halla orgulloso este siglo, fue reconocido por vez primera como enfermedad, como signo típico de decadencia. – En la *tercera* y en la *cuarta Intempestivas* son confrontadas, como señales hacia un concepto *superior* de cultura, hacia la restauración del concepto de «cultura», dos imágenes del más duro *egoísmo,* de la más dura *cría de un ego,* tipos intempestivos *par excellence,* llenos de soberano desprecio por todo lo que a su alrededor se llamaba *Reich,* «cultura», «cristianismo», «Bismarck», «éxito», – Schopenhauer y Wagner *o,* en una sola palabra, Nietzsche...

2

El primero de estos cuatro atentados tuvo un éxito extraordinario. El revuelo que provocó fue espléndido en todos los sentidos. Yo había tocado a una nación victoriosa en su punto vulnerable, – decía que su victoria *no* era un acontecimiento cultural, sino tal vez, tal vez, algo completamente distinto... La respuesta llegó de todas partes y no sólo, en absoluto, de los viejos amigos de David Strauss, a quien yo había puesto en ridículo, presentándolo como tipo de cultifilisteo alemán y como *satisfait* [satisfecho], en suma, como autor de su evangelio de cervecería de la «antigua y la nueva fe»[95] (– la expresión «cultifilisteo» ha permanecido desde entonces en el idioma, introducida en él por mi escrito). Esos viejos amigos, a quienes en su calidad de wurtembergueses y suabos había asestado yo una profunda puñalada al haber encontrado ridículo a su extraño animal, a su avestruz *(Strauss)*[96], respondieron de manera tan proba y grosera como yo, de algún modo, podía desear; las réplicas prusianas fueron más inteligentes, – encerraban en sí más «azul Prusia». Lo más indecoroso lo realizó un periódico de Leipzig, el tristemente famoso *Grenzboten*[97]; me costó trabajo que mis indignados amigos de Basilea no tomasen ninguna medida. Sólo algunos viejos señores se pusieron incondicionalmente de mi parte, por razones diversas y, en parte, imposibles de averiguar. Entre ellos, Ewald[98], de Gotinga, que dio a entender que mi atentado había resultado mortal para Strauss. Asimismo el viejo hegeliano Bruno Bauer[99], en el que he tenido desde entonces uno de mis lectores más atentos. En sus últimos años le gustaba hacer referencia a mí, indicarle, por ejemplo, al señor von Treitschke[100], el historiógrafo prusiano, quién era la persona a la que él podía preguntar para informarse sobre el concepto de «cultura», que aquél había perdido. Lo más meditado, también lo más extenso sobre el escrito y su autor fue dicho por un viejo discípulo del filósofo von Baader, un cierto catedrático llamado Hoffmann[101], de Wurzburgo. Éste preveía, por este escrito, que me esperaba un gran destino, – provocar una especie de crisis y de suprema decisión en el problema del ateísmo, cuyo tipo más instintivo y más audaz advirtió en mí. El ateísmo era lo que me llevaba a Schopenhauer, decía. – Pero el artículo, con mucho, mejor escuchado, el más amargamente sentido, fue uno extraordinariamente fuerte y valeroso, en defensa mía, del, por lo demás, tan suave Karl Hillebrand, el último alemán *humano* que ha sabido manejar la pluma. Su artículo se leyó en la *Augsburger Zeitung;* hoy puede leerse, en una forma algo más cauta, en sus obras completas[102]. Mi escrito era presentado en él como un acontecimiento, como un punto de viraje, como una primera toma de conciencia, como un signo óptimo, como un auténtico *retorno* de la seriedad alemana y de la pasión alemana en asuntos del espíritu. Hillebrand elogiaba mucho la forma del escrito, su gusto maduro, su perfecto tacto en discernir entre persona y cosa: lo destacaba como el mejor texto polémico que se había escrito en lengua alemana, – en ese arte de la polémica, que precisamente para los alemanes resulta tan peligroso, tan desaconsejable. Estaba incondicionalmente de acuerdo conmigo, incluso iba más lejos que yo en aquello que me había atrevido a decir sobre el encanallamiento del idioma en Alemania (–hoy se las dan de puristas y no saben ya construir una frase–), mostrando idéntico desprecio por los «primeros escritores» de esa nación, y terminaba expresando su admiración por mi *coraje,* – aquel «coraje supremo que llevaba al banquillo de los acusados precisamente a los hijos predilectos de un pueblo»... La repercusión de este escrito en mi vida es realmente inapreciable. Desde entonces nadie ha buscado pendencias conmigo. En Alemania se me silencia, se me trata con una sombría cautela: desde hace años he usado de una incondicional libertad de palabra, para la cual nadie hoy, y menos que en ninguna parte en el *Reich,* ha tenido suficientemente libre la *mano.* Mi paraíso está «a la sombra de mi espada»... En el fondo yo había puesto en práctica una máxima de Stendhal: éste aconseja que se haga la entrada en sociedad con un *duelo*[103]. ¡Y cómo había elegido a mi adversario!, ¡el primer librepensador alemán!... De hecho en mi escrito se dejó oír por vez primera una especie completamente *nueva* de librepensamiento: hasta hoy nada me es más lejano y menos afín que toda la *species* europea y norteamericana de *libres penseurs* [librepensadores]. Mi discordia con ellos, con esos incorregibles mentecatos y bufones de las «ideas modernas», es incluso más profunda que con cualquiera de sus adversarios. También ellos, a su manera, quieren «mejorar» la humanidad, a su imagen; harían una guerra implacable a lo que yo soy, a lo que yo *quiero,* en el supuesto de que lo comprendieran, – todos ellos creen todavía en el «ideal»... Yo soy el primer *inmoralista.* –

3

Exceptuadas, como es obvio, algunas cosas, yo no afirmaría que las *Intempestivas* señaladas con los nombres de Schopenhauer y de Wagner puedan servir especialmente para comprender o incluso sólo plantear el problema psicológico de ambos casos. Así, por ejemplo, con profunda seguridad instintiva se dice ya aquí que la realidad básica de la naturaleza de Wagner es un talento de comediante, talento que, en sus medios y en sus intenciones, no hace más que extraer sus consecuencias. En el fondo yo quería, con estos escritos, hacer otra cosa completamente distinta que psicología: en ellos intentaba expresarse por vez primera un problema de educación sin igual, un nuevo concepto de la *cría de un ego,* de la *autodefensa,* hasta llegar a la dureza, un camino hacia la grandeza y hacia tareas histórico-universales. Hablando a grandes rasgos, yo agarré por los cabellos, como se agarra por los cabellos una ocasión, dos tipos famosos y todavía no definidos en absoluto, con el fin de expresar algo, con el fin de tener en la mano unas cuantas fórmulas, signos, medios lingüísticos más. En definitiva, esto se halla también insinuado, con una sagacidad completamente inquietante, en la página 93 de la tercera *Intempestiva*[104]. Así es como Platón se sirvió de Sócrates, como de una semiótica para Platón. – Ahora que vuelvo la vista desde cierta lejanía a las situaciones de las que estos escritos son testimonio, no quisiera yo negar que en el fondo hablan meramente de mí. El escrito *Wagner en Bayreuth* es una visión de mi futuro; en cambio, en *Schopenhauer como educador* está inscrita mi historia más íntima, mi *devenir.* ¡Sobre todo, mi *voto solemne!...* ¡Oh, cuán lejos me encontraba yo entonces todavía de *lo que* soy hoy, del *lugar* en que me encuentro hoy – en una altura en la que ya no hablo con palabras, sino con rayos! – Pero yo *veía* el país – no me engañé ni un solo instante acerca del camino, del mar, del peligro – *¡y* del éxito! ¡El gran sosiego en el prometer, ese feliz mirar hacia un futuro que no se quedará en simple promesa! – Aquí toda palabra está vivida, es profunda, íntima; no faltan cosas dolorosísimas, hay allí palabras que en verdad sangran. Pero un viento propio de la *gran* libertad sopla sobre todo; la herida misma *no* actúa como objeción. – Sobre cómo concibo yo al filósofo, como un terrible explosivo ante el cual todo se encuentra en peligro[105], sobre cómo separo yo miles de millas mi concepto «filósofo» de un concepto que comprende en sí todavía incluso a Kant, para no hablar de los «rumiantes» académicos y otros catedráticos de filosofía: sobre todo esto ofrece ese escrito una enseñanza inapreciable, aun concediendo que quien aquí habla no es, en el fondo, «Schopenhauer como educador», sino su *antítesis,* «Nietzsche como educador». – Si se tiene en cuenta que mi oficio era entonces el de docto, y, tal vez también, que yo *entendía* mi oficio, no carece de significación que en este escrito aparezca bruscamente un áspero fragmento de psicología del docto: expresa el *sentimiento de la distancia,* la profunda seguridad sobre lo que en mí puede ser *tarea* y lo que puede ser simplemente medio, entreacto y elemento accesorio. Mi listeza es haber sido muchas cosas y en muchos lugares, para poder llegar a ser una única cosa. Por cierto tiempo *tuve que* ser también un docto. –

Humano, demasiado humano
Con dos continuaciones

1

Humano, demasiado humano es el monumento de una crisis. Dice de sí mismo que es un libro para espíritus *libres:* casi cada una de sus frases expresa una victoria – con él me liberé de lo que *no pertenecía* a mi naturaleza. No pertenece a ella el idealismo: el título dice «donde *vosotros* veis cosas ideales, veo *yo* – ¡cosas humanas, ay, sólo demasiado humanas!»... Yo conozco *mejor* al hombre... La expresión «espíritu libre» quiere ser entendida aquí en este único sentido: un espíritu *devenido libre,* que ha vuelto a tomar posesión de sí. El tono, el sonido de la voz se han modificado completamente: se encontrará este libro inteligente, frío, a veces duro y sarcástico. cierta espiritualidad de gusto *aristocrático* parece sobreponerse de continuo a una corriente más apasionada que se desliza por el fondo. En este contexto tiene sentido el que la publicación del libro ya en el año 1878 se disculpase propiamente, por así decirlo, con la celebración del centenario de la muerte de *Voltaire*[106]. Pues Voltaire, al contrario de todos los que escribieron después de él, es sobre todo un *grand seigneur* [gran señor] del espíritu: exactamente lo que yo también soy. – El nombre «Voltaire» sobre un escrito mío – esto era un verdadero progreso – *hacia mí*... Si se mira con mayor atención, se descubre un espíritu inmisericorde que conoce todos los escondites en que el ideal tiene su casa, – en que tiene sus mazmorras y, por así decirlo, su última seguridad. Una antorcha en las manos, la cual no da en absoluto una luz «vacilante», es lanzada, con una claridad incisiva, para que lo ilumine, a ese *inframundo* del ideal. Es la guerra, pero la guerra sin pólvora y sin humo, sin actitudes bélicas, sin *pathos* ni miembros dislocados, todo eso sería aún «idealismo». Un error detrás del otro va quedando depositado sobre el hielo, el ideal no es refutado – *se congela*... Aquí, por ejemplo, se congela «el genio»; un rincón más allá se congela «el santo»; bajo un grueso témpano se congela «el héroe»; al final se congela «la fe», la denominada «convicción», también la «compasión» se enfría considerablemente – casi en todas partes se congela «la cosa en sí»...

2

Los inicios de este libro se sitúan en las semanas de los primeros Festivales de Bayreuth: una profunda extrañeza frente a todo lo que allí me rodeaba es uno de sus presupuestos. Quien tenga una idea de las visiones que ya entonces, me habían salido a mí al paso podrá adivinar de qué humor me encontraba cuando un día me desperté en Bayreuth. Totalmente como si soñase... ¿Dónde estaba yo? No reconocía nada, apenas reconocí a Wagner. En vano hojeaba mis recuerdos. Tribschen[107], una lejana isla de los bienaventurados: ni sombra de semejanza. Los días incomparables en que se colocó la primera piedra[108], el pequeño grupo *pertinente* que lo festejó y al cual no había que desear dedos para las cosas delicadas: ni sombra de semejanza. *¿Qué había ocurrido?* ¡Se había traducido a Wagner al alemán! ¡El wagneriano se había enseñoreado de Wagner! – ¡El arte *alemán!,* ¡el maestro *alemán!,* ¡la cerveza *alemana!...* Nosotros los ajenos a aquello, los que sabíamos demasiado bien cómo el arte de Wagner habla únicamente a los artistas refinados, al cosmopolitismo del gusto, estábamos fuera de nosotros mismos al reencontrar a Wagner enguirnaldado con «virtudes» alemanas. Pienso que yo conozco al wagneriano, he «vivido» tres generaciones de ellos, desde el difunto Breudel[109], que confundía a Wagner con Hegel, hasta los idealistas de los *Bayreuther Blätter* [Hojas de Bayreuth], que confundían a Wagner consigo mismos – he oído toda suerte de confesiones de «almas bellas» sobre Wagner. ¡Un reino por *una sola* palabra sensata![110] – ¡En verdad, una compañía que ponía los pelos de punta! ¡Nohl, Pohl, *Kohl*[111], *mit Grazie in infinitum*[112] [con gracia, hasta el infinito]! No falta entre ellos ningún engendro, ni siquiera el antisemita. – ¡Pobre Wagner! ¡Dónde había caído! – ¡Si al menos hubiera caído entre puercos! ¡Pero entre alemanes!... En fin, habría que empalar, para escarmiento de la posteridad, a un genuino bayreuthiano, o mejor, sumergirlo en *spiritus* [alcohol], pues *spiritus* [espíritu] es lo que falta, – con esta leyenda: este aspecto ofrecía el «espíritu» sobre el que se fundó el *«Reich»*... Basta, en medio de todo me marché de allí por dos semanas, de manera muy súbita, aunque una encantadora parisiense[113] intentaba consolarme; me disculpé con Wagner mediante un simple telegrama de texto fatalista. En un lugar profundamente escondido en los bosques de la Selva Bohemia, Klingenbrunn, me ocupé de mi melancolía y de mi desprecio de los alemanes como si se tratase de una enfermedad – *y* de vez en cuando escribía, con el título global de «La reja del arado», una frase en mi libro de notas, todas, *Psicologica* [observaciones psicológicas] *duras,* que acaso puedan reencontrarse todavía en *Humano, demasiado humano.*

3

Lo que entonces se decidió en mí no fue, acaso, una ruptura con Wagner – yo advertía un extravío total de mi instinto, del cual era meramente un signo cada desacierto particular, se llamase Wagner o se llamase cátedra de Basilea. Una *impaciencia* conmigo mismo hizo presa en mí; yo veía que había llegado el momento de reflexionar *sobre mí.* De *un solo* golpe se me hizo claro, de manera terrible, cuánto tiempo había sido ya desperdiciado, – qué aspecto inútil, arbitrario, ofrecía toda mi existencia de filólogo, comparada con mi tarea. Me avergoncé de esta *falsa* modestia... Habían pasado diez años en los cuales la *alimentación* de mi espíritu había quedado propiamente detenida, en los que no había aprendido nada utilizable, en los que había olvidado una absurda cantidad de cosas a cambio de unos cachivaches de polvorienta erudición. Arrastrarme con acribia y ojos enfermos a través de los métricos antiguos[114], – ¡a esto había llegado! – Me vi, con lástima, escuálido, famélico: justo las *realidades* eran lo que faltaba dentro de mi saber, y las «idealidades», ¡para qué diablos servían! – Una sed verdaderamente ardiente se apoderó de mí: a partir de ese momento no he cultivado de hecho nada más que fisiología, medicina y ciencias naturales, – incluso a auténticos estudios históricos he vuelto tan sólo cuando la *tarea* me ha forzado imperiosamente a ello. Entonces adiviné también por vez primera la conexión existente entre una actividad elegida contra los propios instintos, eso que se llama «profesión» *(Beruf),* y que es la cosa a la que *menos* estamos llamados[115] – y aquella imperiosa necesidad de lograr una *anestesia* del sentimiento de vacío y de hambre por medio de un arte narcótico, – por medio del arte de Wagner, por ejemplo. Mirando a mi alrededor con mayor cuidado he descubierto que un gran número de jóvenes se encuentra en ese mismo estado de miseria: una primera contranaturaleza *fuerza* formalmente otra segunda. En Alemania, en el *«Reich»,* para hablar inequívocamente, demasiados hombres están condenados a decidirse prematuramente y luego, bajo un peso que no es posible arrojar, a *perecer* por cansancio... Éstos anhelan Wagner como un *opio,* – se olvidan de sí mismos, se evaden de sí mismos por un instante... ¡Qué digo! – *¡por cinco o seis horas!–*

4

Entonces mi instinto se decidió implacablemente a que no continuasen aquel ceder ante otros, aquel acompañar a otros, aquel confundirme a mí mismo con otros. Cualquier modo de vida, las condiciones más desfavorables, la enfermedad, la pobreza – todo me parecía preferible a aquel indigno «desinterés» en que yo había caído, primero por ignorancia, por *juventud,* pero al que más tarde había permanecido aferrado por pereza, por lo que se llama «sentimiento del deber». – Aquí vino en mi ayuda de una manera que no puedo admirar bastante, y justo en el momento preciso, aquella *mala* herencia de mi padre, – en el fondo, una predestinación a una muerte temprana. La enfermedad *me sacó con lentitud de todo aquello:* me ahorró toda ruptura, todo paso violento y escandaloso. No perdí entonces ninguna benevolencia y conquisté varias más. La enfermedad me proporcionó asimismo un derecho a dar completamente la vuelta a todos mis hábitos: me permitió olvidar, me *ordenó* olvidar; me hizo el regalo de *obligarme* a la quietud, al ocio, a aguardar, a ser paciente... ¡Pero esto es lo que quiere decir pensar!... Mis ojos, por sí solos, pusieron fin a toda bibliomanía, hablando claro: a la filología: yo quedaba «redimido» del libro, durante años no volví a leer nada – ¡el *máximo* beneficio que me he procurado! – El mí-mismo más profundo, casi sepultado, casi enmudecido bajo un permanente *tener-que-*oír a otros sí-mismos (– ¡y esto significa, en efecto, leer!), se despertó lentamente, tímido, dubitativo, – pero al final *volvió a hablar.* Nunca he sido tan feliz conmigo mismo como en las épocas más enfermas y más dolorosas de mi vida: basta mirar *Aurora,* o *El caminante y su sombra,* para comprender lo que significó esta «vuelta *a mí mismo*»: ¡una especie suprema de *curación!...* La otra no fue más que una consecuencia de ésta. –

5

Humano, demasiado humano, este monumento de una rigurosa cría de un *ego,* con la que puse bruscamente fin en mí a toda patraña superior, a todo «idealismo», a todo «sentimiento bello» y a otras debilidades femeninas que se habían infiltrado en mí, fue redactado en sus partes principales en Sorrento; quedó concluido y alcanzó forma definitiva durante un invierno pasado en Basilea, en condiciones incomparablemente peores que las de Sorrento. En el fondo quien tiene sobre su conciencia este libro es el señor *Peter Gast*[116], que entonces estudiaba en la Universidad de Basilea y que se hallaba muy ligado a mí. Yo dictaba, con la cabeza dolorida y vendada; él transcribía, él corregía también, – él fue, en el fondo, el auténtico escritor, mientras que yo fui meramente el autor. Cuando por fin tuve en mis manos el libro acabado –con profundo asombro de un enfermo grave–, mandé, entre otros, dos ejemplares también a Bayreuth. Por un milagro de sentido en el azar me llegó al mismo tiempo un hermoso ejemplar del texto de *Parsifal,* con una dedicatoria de Wagner a mí, «a su querido amigo Friedrich Nietzsche, Richard Wagner, consejero eclesiástico». Este cruce de los dos libros – a mí me pareció oír en ello un ruido ominoso. ¿No sonaba como si se cruzasen *espa-*

das?...[117] En todo caso, ambos lo sentimos así: pues ambos callamos. – Por este tiempo aparecieron los primeros *Bayreuther Blätter:* yo comprendí *para qué cosa* había llegado el tiempo. – ¡Increíble! Wagner se había vuelto piadoso...

6

Del modo como yo pensaba entonces (1876) acerca de mí mismo, de la seguridad tan inmensa con que conocía mi tarea y la importancia histórico-universal de ella, de eso da testimonio el libro entero, pero sobre todo un pasaje muy explícito: sólo que también aquí evité, con mi instintiva astucia, la partícula «yo» y esta vez lancé los rayos de una gloria histórico-universal no sobre Schopenhauer o sobre Wagner, sino sobre uno de mis amigos, el distinguido doctor Paul Rée[118] – por fortuna, un animal demasiado fino para... *Otros* fueron menos finos: los casos sin esperanza entre mis lectores, por ejemplo el típico catedrático alemán, los he reconocido siempre en el hecho de que, apoyándose en este pasaje, han creído tener que entender todo el libro como réealismo superior... En verdad el libro contenía mi desacuerdo con cinco, con seis tesis de mi amigo: sobre esto puede leerse el prólogo a *La genealogía de la moral.* – El pasaje dice así: ¿Cuál es, pues, la tesis principal a que ha llegado uno de los más audaces y fríos pensadores, el autor del libro *Sobre el origen de los sentimientos morales (lisez* [léase]: Nietzsche, el primer *inmoralista),* en virtud de sus penetrantes e incisivos análisis del obrar humano? «El hombre moral no está más cerca del mundo inteligible que el hombre físico – *pues* el mundo inteligible no existe...»[119] Esta frase, templada y afilada bajo los golpes de martillo del conocimiento histórico *(lisez* [léase]: *transvaloración de todos los valores),* acaso pueda servir algún día en algún futuro –¡1890!– de hacha para cortar la raíz de la «necesidad metafísica»[120] de la humanidad, – si para bendición o para maldición de ésta, ¿quién podría decirlo? Pero en todo caso es una frase que tiene las más destacadas consecuencias, fecunda y terrible a la vez, que mira al mundo con aquella *doble vista* que poseen todos los grandes conocimientos...[121]

Aurora
Pensamientos sobre la moral como prejuicio

1

Con este libro empieza mi campaña contra la *moral.* No es que huela lo mas mínimo a pólvora: – en él se percibirán olores completamente distintos y mucho más amables, suponiendo que se tenga alguna finura en la nariz. Ni artillería pesada, ni tampoco ligera: si el efecto del libro es negativo, tanto menos lo son sus medios, esos medios de los cuales se sigue el efecto como una conclusión, *no* como un cañonazo. El que el lector diga adiós a este libro llevando consigo una cautela esquiva frente a todo lo que hasta ahora se había llegado a honrar e incluso adorar bajo el nombre de moral no está en contradicción con el hecho de que en todo el libro no aparezca ni una sola palabra negativa, ni un solo ataque, ni una sola malignidad, – antes bien, repose al sol, orondo, feliz, como un animal marino que toma el sol entre peñascos. En última instancia, yo mismo era ese animal marino: casi cada una de las frases de este libro está ideada, *pescada,* en aquel caos de peñascos cercano a Génova, en el cual me encontraba solo y aún tenía secretos con el mar. Todavía ahora, si por casualidad toco este libro, casi cada una de sus frases se convierte para mí en un hilo, tirando del cual extraigo de nuevo algo incomparable de la profundidad: toda su piel tiembla de delicados estremecimientos del recuerdo. No es pequeño el arte que lo distingue en retener un poco cosas que se escabullen ligeras y sin ruido, instantes que yo llamo lagartos divinos, retenerlos no, desde luego, con la crueldad de aquel joven dios griego que simplemente ensartaba al pobre lagartillo, pero sí con algo afilado de todos modos, con la pluma... «Hay tantas auroras que todavía no han resplandecido» – esta inscripción *india*[122] está colocada sobre la puerta que da entrada a este libro. *¿Dónde busca* su autor aquella nueva mañana, aquel delicado arrebol no descubierto aún, con el que de nuevo un día – ¡ ay, toda una serie, un mundo entero de nuevos días! – se inicia? – En una *transvaloración de todos los valores,* en el desvincularse de todos los valores morales, en un decir sí y tener confianza en todo lo que hasta ahora ha sido prohibido, despreciado, maldecido. Este libro *que dice sí* derrama su luz, su amor, su ternura nada más que sobre cosas malas, les devuelve otra vez «el alma», la buena conciencia, el alto derecho y *privilegio* de existir. La moral no es atacada, simplemente no es tomada ya en consideración... Este libro concluye con un «¿o acaso?», – es el único libro que concluye con un «¿o acaso?»...

2

Mi tarea de preparar a la humanidad un instante de suprema autognosis, un *gran mediodía* en el que mire hacia atrás y hacia delante, en el que se sustraiga al dominio del azar y de los sacerdotes y plantee por vez primera, en su *totalidad,* la cuestión del ¿por qué?, del ¿para qué? –, esta tarea es una consecuencia necesaria para quien ha comprendido que la humanidad *no* marcha por sí misma por el camino recto, que *no* es gobernada en absoluto por un Dios, que, antes bien, el instinto de la negación, de la corrupción, el instinto de *décadence* ha sido el que ha reinado con su seducción, ocultándose precisamente bajo el manto de los más santos conceptos de valor de la humanidad. El problema de la procedencia de los valores morales es para mí un problema de *primer rango,* porque condiciona el futuro de la humanidad. La exigencia de que se debe *creer* que en el fondo todo se encuentra en las mejores manos, que un libro, la Biblia, proporciona una tranquilidad definitiva acerca del gobierno y la sabiduría divinos en el destino de la humanidad, esa exigencia representa, retraducida a la realidad, la voluntad de no dejar aparecer la verdad sobre el lamentable contrapolo de esto, a saber, que la humanidad ha estado hasta ahora en las *peores* manos, que ha sido gobernada por los fracasados, por los astutos vengativos, los llamados «santos», esos calumniadores del mundo y violadores del hombre. El signo decisivo en que se revela que el sacerdote (incluidos los sacerdotes *enmascarados,* los filósofos) se ha enseñoreado de todo, y no sólo de una determinada comunidad religiosa, el signo en que se revela que la moral de la *décadence,* la voluntad de final, se considera como moral *en sí,* es el valor incondicional que en todas partes se concede a lo no-egoísta y la enemistad que en todas partes se dispensa a lo egoísta. A quien esté en desacuerdo conmigo en este punto lo considero *infectado...* Pero todo el mundo está en desacuerdo conmigo... Para un fisiólogo tal antítesis de valores no deja ninguna duda. Cuando dentro del organismo el órgano más diminuto deja, aunque sea en medida muy pequeña, de proveer con total seguridad a su autoconservación, a la recuperación de sus fuerzas, a su «egoísmo», entonces el todo degenera. El fisiólogo exige la *amputación* de la parte degenerada, niega toda solidaridad con lo degenerado, está completamente lejos de sentir compasión por ello. Pero el sacerdote *quiere* precisamente la degeneración del todo, de la humanidad: por ello *conserva* lo degenerado – a ese precio domina él a la humanidad... ¿Qué sentido tienen aquellos conceptos-mentiras, los conceptos *auxiliares* de la moral, «alma», «espíritu», «voluntad libre», «Dios», sino el de arruinar fisiológicamente a la humanidad?... Cuando se deja de tomar en serio la autoconservación, el aumento de fuerzas del cuerpo, *es decir, de la vida,* cuando de la anemia se hace un ideal, y del desprecio del cuerpo «la salud del alma», ¿qué es esto más que una *receta* para la *décadence?* – La pérdida del centro de gravedad, la resistencia contra los instintos naturales, en una palabra, el «desinterés» – a esto se ha llamado hasta ahora *moral...* Con *Aurora* yo fui el primero en entablar la lucha contra la moral de la renuncia a sí mismo. –

La gaya ciencia
(«La gaya scienza»)

1

Aurora es un libro que dice sí, un libro profundo, pero luminoso y benévolo. Eso mismo puede afirmarse también, y en grado sumo, de *La gaya ciencia:* casi en cada una de sus frases van tiernamente unidas de la mano profundidad y petulancia. Unos versos que expresan la gratitud por el más prodigioso mes de enero que yo he vivido –el libro entero es regalo suyo– revelan suficientemente la profundidad desde la que aquí se ha vuelto *gaya* la «ciencia»:

> Oh tú, que con dardo de fuego
> el hielo de mi alma has roto,
> para que ahora ésta con estruendo
> se lance al mar de su esperanza suprema:
> cada vez más luminosa y más sana,

libre en la obligación más afectuosa –
¡así es como ella ensalza tus prodigios,
bellísimo Enero![123]

Lo que «esperanza suprema» significa aquí, ¿quién puede tener dudas sobre ello al ver refulgir, como conclusión del libro cuarto[124], la belleza diamantina de las primeras palabras del *Zaratustra?* – ¿O al leer las frases graníticas del final del libro tercero[125], con las cuales se reduce a fórmulas por vez primera un destino *para todos los tiempos?* Las *Canciones del Príncipe Vogelfrei,* compuestas en su mayor parte en Sicilia[126], recuerdan de modo explícito el concepto provenzal de la «gaya scienza», aquella unidad de *cantor, caballero y espíritu libre* que hace que aquella maravillosa y temprana cultura de los provenzales se distinga de todas las culturas ambiguas; sobre todo la poesía última de todas, *Al mistral*[127], una desenfrenada canción de danza, en la que, ¡con permiso!, se baila por encima de la moral, es un provenzalismo perfecto. –

Así habló Zaratustra
Un libro para todos y para nadie

1

Voy a contar ahora la historia del *Zaratustra.* La concepción fundamental de la obra, el *pensamiento del eterno retorno,* esa fórmula suprema de afirmación a que puede llegarse en absoluto, – es de agosto del año 1881: se encuentra anotado en una hoja a cuyo final está escrito: «A 6.000 pies más alla del hombre y del tiempo»[128]. Aquel día caminaba yo junto al lago de Silvaplana a través de los bosques; junto a una imponente roca que se eleva en forma de pirámide no lejos de Surlei, me detuve. Entonces me vino ese pensamiento. – Si a partir de aquel día vuelvo algunos meses hacia atrás, encuentro como signo precursor un cambio súbito y, en lo más hondo, decisivo de mi gusto, sobre todo en la música. Acaso sea lícito considerar el Zaratustra entero como música; – ciertamente una de sus condiciones previas fue un renacimiento en el arte de *oír.* En una pequeña localidad termal de montaña, no lejos de Vicenza, en Recoaro, donde pasé la primavera del año 1881, descubrí juntamente con mi *maestro* y amigo Peter Gast, también él un «renacido», que el fénix Música pasaba volando a nuestro lado con un plumaje más ligero y más luminoso del que nunca había exhibido[129]. Si, por el contrario, cuento a partir de aquel día hacia delante, hasta el parto, que ocurrió de manera repentina y en las circunstancias más inverosímiles en febrero de 1883 –la parte final, esa misma de la que he citado algunas frases en el *Prólogo,* fue concluida exactamente en la hora sagrada en que Richard Wagner moría en Venecia–, resultan dieciocho meses de embarazo. Este número de justamente dieciocho meses podría sugerir, al menos entre budistas, la idea de que en el fondo yo soy un elefante hembra. – Al período intermedio corresponde *La gaya ciencia,* que contiene cien indicios de la proximidad de algo incomparable; al final ella misma ofrece ya el comienzo del *Zaratustra*[130]; en el penúltimo apartado de su libro cuarto ofrece el pensamiento fundamental del *Zaratustra*[131]. – Asimismo corresponde a este período intermedio aquel *Himno a la vida* (para coro mixto y orquesta) cuya partitura ha aparecido hace dos años en E. W. Fritzsch, de Leipzig[132]: síntoma no insignificante tal vez de la situación de ese año, en el cual el *pathos afirmativo par excellence,* llamado por mí el *pathos* trágico, moraba dentro de mí en grado sumo. Alguna vez en el futuro se cantará ese himno en memoria mía. – El texto, lo anoto expresamente, pues circula sobre esto un malentendido, no es mío: es la asombrosa inspiración de una joven rusa con quien entonces mantenía amistad, la señorita Lou von Salomé. Quien sepa extraer un sentido a las últimas palabras del poema adivinará la razón por la que yo lo preferí y admiré: esas palabras poseen grandeza. El dolor no es considerado como una objeción contra la vida: «Si ya no te queda ninguna felicidad que darme, ¡bien!, *aún tienes tu sufrimiento...*». Quizá también mi música posea grandeza en ese pasaje. (La nota final del oboe es un *do bemol,* no un *do.* Errata de imprenta.) – El invierno siguiente lo viví en aquella graciosa y tranquila bahía de Rapallo, no lejos de Génova, enclavada entre Chiavari y el promontorio de Portofino. Mi salud no era óptima; el invierno, frío y sobremanera lluvioso; un pequeño *albergo*[133] [fonda], situado directamente junto al mar, de modo que por la noche el oleaje imposibilitaba el sueño, ofrecía, casi en todo, lo contrario de lo deseable. A pesar de ello, y casi para demostrar mi tesis de que todo lo decisivo surge «a pesar de», mi *Zaratustra* nació en ese invierno y en esas desfavorables circunstancias. – Por la mañana yo subía en dirección sur, hasta la cumbre, por la magnífica carretera que va hacia Zoagli, pasando junto a los pinos y dominando ampliamente con la vista el mar; por la tarde, siempre que la salud me lo permitía, rodeaba la bahía entera de Santa Margherita, hasta llegar detrás de Portofino. Este lugar y este paisaje se han vuelto aún más próximos a mi corazón por el gran amor que el inolvidable emperador alemán Federico III[134] sentía por ellos; yo me hallaba de nuevo casualmente en esta costa en el otoño de 1886 cuando él visitó por última vez este pequeño olvidado mundo de felicidad. – En estos dos caminos se me ocurrió todo el primer *Zaratustra,* sobre todo Zaratustra mismo en cuanto tipo: más exactamente, éste *me asaltó*...

2

Para entender este tipo es necesario tener primero claridad acerca de su presupuesto fisiológico: éste es lo que yo denomino la *gran salud*. No sé explicar este concepto mejor y de manera *más personal* que como ya lo tengo explicado en uno de los apartados finales del libro quinto de *La gaya ciencia*[135], «Nosotros los nuevos, los carentes de nombre, los difíciles de entender» –se dice allí–, «nosotros, partos prematuros de un futuro no verificado todavía, necesitamos, para una finalidad nueva, también un medio nuevo, a saber, una salud nueva, una salud más vigorosa, más avisada, más tenaz, más temeraria, más alegre que cuanto lo ha sido hasta ahora cualquier salud. Aquel cuya alma siente sed de haber vivido directamente el ámbito entero de los valores y aspiraciones habidos hasta ahora y de haber recorrido todas las costas de este "Mediterráneo" ideal, aquel que quiere conocer, por las aventuras de su experiencia más propia, qué sentimientos experimenta un conquistador y descubridor del ideal, y asimismo los que experimentan un artista, un santo, un legislador, un sabio, un docto, un piadoso, un divino solitario de viejo estilo: ése necesita para ello, antes de nada, una cosa, la *gran salud*, – una salud que no sólo se posea, sino que además se conquiste y tenga que conquistarse continuamente, pues una y otra vez se la entrega, se tiene que entregarla... Y ahora, después de que por largo tiempo hemos estado así en camino, nosotros los argonautas del ideal, más valerosos acaso de lo que es prudente, habiendo naufragado y padecido daño con mucha frecuencia, pero, como se ha dicho, más sanos que cuanto se nos querría permitir, peligrosamente sanos, permanentemente sanos, – parécenos como si, en recompensa de ello, tuviésemos ante nosotros una tierra no descubierta todavía, cuyos confines nadie ha abarcado aún con su vista, un más-allá de todas las anteriores tierras y rincones del ideal, un mundo tan sobremanera rico en cosas bellas, extrañas, problemáticas, terribles y divinas, que tanto nuestra curiosidad como nuestra sed de poseer están fuera de sí – ¡ay, que de ahora en adelante no haya nada capaz de saciarnos!... ¿Cómo podríamos nosotros, después de tales espectáculos y teniendo tal voracidad de ciencia y de conciencia, contentarnos ya con el *hombre actual?* Resulta bastante molesto, pero es inevitable que nosotros miremos sus más dignas metas y esperanzas tan sólo con una seriedad difícil de mantener, y acaso ni siquiera miremos ya... Un ideal distinto corre delante de nosotros, un ideal prodigioso, seductor, lleno de peligros, hacia el cual no quisiéramos persuadir a nadie, pues a nadie concedemos fácilmente el *derecho a él:* el ideal de un espíritu que juega ingenuamente, es decir, sin quererlo y por una plenitud y potencialidad exuberantes, con todo lo que hasta ahora fue llamado santo, bueno, intocable, divino; un espíritu para quien lo supremo, aquello en que el pueblo encuentra con razón su medida del valor, no significa ya más que peligro, decadencia, rebajamiento, o, al menos, distracción, ceguera, olvido temporal de sí mismo; el ideal de un bienestar y de un bienquerer a la vez humanos y sobrehumanos, ideal que parecerá *inhumano* con bastante frecuencia, por ejemplo cuando se sitúa al lado de toda la seriedad terrena habida hasta ahora, al lado de toda la anterior solemnidad en gestos, palabras, sonidos, miradas, moral y deber, como su viviente parodia involuntaria – y sólo con el cual, a pesar de todo eso, se inicia quizá *la gran seriedad,* se pone por vez primera el auténtico signo de interrogación, da un giro el destino del alma, avanza la aguja, *comienza* la tragedia...».

3

– ¿Tiene alguien, a finales del siglo XIX, un concepto claro de lo que los poetas de épocas poderosas denominaron *inspiración?* En caso contrario, voy a describirlo. – Si se conserva un mínimo residuo de superstición, resultaría difícil rechazar de hecho la idea de ser mera encarnación, mero instrumento sonoro, mero *medium* de fuerzas poderosísimas. El concepto de revelación, en el sentido de que de repente, con indecible seguridad y finura, se deja *ver,* se deja oír algo, algo que lo conmueve y trastorna a uno en lo más hondo, describe sencillamente la realidad de los hechos[136]. Se oye, no se busca; se toma, no se pregunta quién es el que da; como un rayo refulge un pensamiento, con necesidad, sin vacilación en la forma – yo no he tenido jamás que elegir. Un éxtasis cuya enorme tensión se desata a veces en un torrente de lágrimas, un éxtasis en el cual unas veces el paso se precipita involuntariamente y otras se torna lento; un completo estar-fuera-de-sí, con la clarísima consciencia de un sinnúmero de delicados temblores y estremecimientos que llegan hasta los dedos de los pies; un abismo de felicidad en que lo más doloroso y sombrío no actúa como antítesis, sino como algo condicionado, exigido, como un color *necesario* en medio de tal sobreabundancia de luz; un instinto de relaciones rítmicas que abarca amplios espacios de formas – la longitud, la necesidad de un ritmo *amplio* son casi la medida de la violencia de la inspiración, una especie de contrapeso a su presión y a su tensión... Todo acontece de manera sumamente involuntaria, pero como en una tempestad de sentimiento de libertad, de incondicionalidad, de poder, de divinidad... La involuntariedad de la imagen, del símbolo, es lo más digno de atención; no se tiene ya concepto alguno; lo que es imagen, lo que es símbolo, todo se ofrece como la expresión más cercana, más exacta, más sencilla. Parece en realidad, para recordar una frase de *Zaratustra,* como si las cosas mismas se acercasen y se ofreciesen para símbolo («Aquí todas las cosas acuden acariciadoras a tu discurso y te halagan: pues quieren cabalgar sobre tu espalda. Sobre todos los símbolos cabalgas tú aquí hacia todas las verdades... Aquí se me abren de golpe las palabras y los armarios de palabras de todo ser: todo ser quiere hacerse aquí palabra, todo devenir quiere aquí aprender a hablar de mí–») [137]. Ésta es *mi* experiencia de la inspiración; no tengo duda de que es preciso retroceder milenios atrás para encontrar a alguien que tenga derecho a decir «es también la mía». –

4

Después de esto estuve enfermo en Génova algunas semanas. Siguió luego una melancólica primavera en Roma[138], donde di mi aceptación a la vida – no fue fácil. En el fondo me disgustaba sobremanera aquel lugar, el más indecoroso de la tierra para el poeta creador del *Zaratustra,* y que yo no había escogido voluntariamente; intenté evadirme, quise ir a *Aquila,* ciudad antítesis de Roma, fundada por hostilidad contra Roma, como yo fundaré algún día un lugar, ciudad recuerdo de un ateo y enemigo de la Iglesia *comme il faut* [como debe ser], de uno de los seres más afines a mí, el gran emperador de la dinastía de Hohenstaufen, Federico II. Pero había una fatalidad en todo esto: tuve que regresar. Finalmente me di por contento con la *piazza Barberini,* después de que mi esfuerzo por encontrar un lugar *anticristiano* hubiera llegado a cansarme. Temo que en una ocasión, para escapar lo más posible a los malos olores, fui a preguntar en el propio *palazzo del Quirinale* si no tenían una habitación silenciosa para un filósofo. – En una *loggia* situada sobre la mencionada *piazza,* desde la cual se domina Roma con la vista y se oye allá abajo en el fondo murmurar la *fontana,* fue compuesta aquella canción, la más solitaria que jamás se ha compuesto, *La canción de la noche;* por este tiempo rondaba siempre a mi alrededor una melodía indeciblemente melancólica, cuyo estribillo reencontré en las palabras «muerto de inmortalidad...». En el verano, habiendo vuelto al lugar sagrado en que había refulgido para mí el primer rayo del pensamiento de Zaratustra, encontré el segundo *Zaratustra.* Diez días bastaron; en ningún caso, ni en el primero, ni en el tercero y último[139], he empleado más tiempo. Al invierno siguiente, bajo el cielo alciónico de Niza, que entonces resplandecía por vez primera en mi vida, encontré el tercer *Zaratustra* – y había concluido. Apenas un año, calculando en conjunto. Muchos escondidos rincones y alturas del paisaje de Niza se hallan santificados para mí por instantes inolvidables; aquel pasaje decisivo que lleva el título «De tablas viejas y nuevas» fue compuesto durante la fatigosísima subida desde la estación al maravilloso y morisco nido de águilas que es Eza – la agilidad muscular era siempre máxima en mí cuando la fuerza creadora fluía de manera más abundante. El *cuerpo* está entusiasmado: dejemos fuera el «alma»... A menudo la gente podía verme bailar; sin noción siquiera de cansancio podía yo entonces caminar siete, ocho horas por los montes. Dormía bien, reía mucho – , poseía una robustez y una paciencia perfectas.

5

Prescindiendo de estas obras de diez días, los años del *Zaratustra* y sobre todo los *siguientes* representaron un estado de miseria sin igual. Se paga caro el ser inmortal: se muere a causa de ello varias veces durante la vida. – Hay algo que yo denomino la *rancune* [rencor] de lo grande: todo lo grande, una obra, una acción, se vuelve, inmediatamente de acabada, *contra* quien la hizo. Éste se encuentra entonces *débil* justo por haberla hecho, – no soporta ya su acción, no la mira ya a la cara. Tener *detrás* de sí algo que jamás fue lícito querer, algo a lo que está atado el nudo del destino de la humanidad – ¡y tenerlo ahora *encima* de sí!... Casi aplasta... ¡La *rancune* [rencor] de lo grande! – Una segunda cosa es el espantoso silencio que se oye alrededor. La soledad tiene siete pieles; nada pasa ya a través de ellas. Se va a los hombres, se saluda a los amigos: nuevo desierto, ninguna mirada saluda ya. En el mejor de los casos, una especie de rebelión. Tal rebelión la advertí yo en grados muy diversos, pero en casi todo el mundo que se hallaba cerca de mí; parece que nada ofende más hondo que el hacer notar de repente una distancia, – las naturalezas *aristocráticas,* que no saben vivir sin venerar, son escasas. – Una tercera cosa es la absurda irritabilidad de la piel a las pequeñas picaduras, una especie de desamparo ante todo lo pequeño. Esto me parece estar condicionado por el inmenso derroche de todas las energías defensivas que cada acción *creadora,* cada acción nacida de lo más propio, de lo más íntimo, de lo más profundo, tiene como presupuesto. Las *pequeñas* capacidades defensivas quedan de este modo en suspenso, por así decirlo: ya no afluye a ellas fuerza alguna. – Me atrevo a sugerir que uno digiere peor, se mueve a disgusto, está demasiado expuesto a sentimientos de escalofrío, incluso a la desconfianza, – a la desconfianza, que es en muchos casos un mero error etiológico. Hallándome en un estado semejante, yo advertí en una ocasión la proximidad de un rebaño de vacas, antes de haberlo visto, por el retorno de pensamientos más suaves, más humanitarios: *aquello* tiene en sí calor...

6

Esta obra ocupa un lugar absolutamente aparte. Dejemos de lado a los poetas: acaso nunca se haya hecho nada desde una sobreabundancia igual de fuerzas. Mi concepto de lo «dionisiaco» se volvió aquí *acción suprema;* medido por ella, todo el resto del obrar humano aparece pobre y condicionado. Decir que un Goethe, un Shakespeare no podrían respirar un solo instante en esta pasión y esta altura gigantescas, decir que Dante, comparado con Zaratustra, es meramente un creyente y no alguien que *crea* por vez primera la verdad, un espíritu *que gobierna el mundo*[140], un destino –, decir que los poetas del *Veda* son sacerdotes y ni siquiera dignos de desatar las sandalias de un Zaratustra[141], todo eso es lo mínimo que puede decirse y no da idea de la distancia, de la soledad *azul* en que esta obra vive. Zaratustra tiene eterno derecho a decir: «Yo trazo en torno a mí círculos y fronteras sagradas; cada vez es menor el número de quienes conmigo suben hacia montañas cada vez más altas, – yo construyo una cordillera con montañas más santas cada vez»[142]. Súmense el espíritu y la bondad de todas las almas grandes: todas juntas no estarían en condiciones de producir un discurso de Zaratustra. Inmensa es la escala por la que él asciende y desciende; ha visto más, ha querido más, ha *podido* más que cualquier otro hombre. Este espíritu, el más afirmativo de todos, contradice con cada una de sus palabras; en él todos los opuestos se han juntado en una unidad nueva. Las fuerzas más altas y más bajas de la naturaleza humana, lo más dulce, ligero y terrible brota de un manantial único con inmortal seguridad. Hasta ese momento no se sabe lo que es altura, lo que es profundidad, y menos todavía se sabe lo que es verdad. No hay, en esta revelación de la verdad, un solo instante que hubiera sido ya anticipado, adivinado por alguno de los más grandes. Antes del *Zaratustra* no existe ninguna sabiduría, ninguna investigación de las almas, ningún arte de hablar: lo más próximo, lo más cotidiano, habla aquí de cosas inauditas. La sentencia temblando de pasión; la elocuencia hecha música; rayos arrojados anticipadamente hacia futuros no adivinados antes. La más poderosa fuerza para el símbolo existida con anterioridad resulta pobre y un mero juego frente a este retorno del lenguaje a la naturaleza de la figuración. – ¡Y cómo desciende Zaratustra y dice a cada uno lo más benigno! ¡Cómo él mismo toma con manos delicadas a sus contradictores, los sacerdotes, y sufre con ellos a causa de ellos! – Aquí el hombre está superado en todo momento, el concepto de «superhombre» se volvió aquí realidad suprema, – en una infinita lejanía, *por debajo de* él, yace todo aquello que hasta ahora se llamó grande en el hombre. Lo alciónico, los pies ligeros, la omnipresencia de maldad y arrogancia, y todo lo demás que es típico del tipo Zaratustra, jamás se soñó que eso fuera esencial a la grandeza. Justo en esa amplitud de espacio, en esa capacidad de acceder a lo contrapuesto, siente Zaratustra que él es *la especie más alta de todo lo existente;* y cuando se oye cómo la define, hay que renunciar a buscar algo semejante.

– el alma que posee la escala más larga y que más profundo puede descender, el alma más vasta, la que más lejos puede correr y errar y vagar dentro de sí,

la más necesaria, que por placer se precipita en el azar,

el alma que es, y se sumerge en el devenir, la que posee, y *quiere* sumergirse en el querer y desear,

la que huye de sí misma, que a sí misma se da alcance en los círculos más amplios,

el alma más sabia, a quien más dulcemente habla la necedad,

la que más se ama a sí misma, en la que todas las cosas tienen su corriente y su contracorriente, su flujo y su reflujo[143].

Pero esto es el concepto mismo de Dioniso. – Otra consideración conduce a idéntico resultado. El problema psicológico del tipo de Zaratustra consiste en cómo aquel que niega con palabras, que niega *con hechos,* en un grado inaudito, todo lo afirmado hasta ahora, puede ser a pesar de ello la antítesis de un espíritu de negación; en cómo el espíritu que porta el destino más pesado, una tarea fatal, puede ser, a pesar de ello, el más ligero y ultraterreno –Zaratustra es un danzarín–; en cómo aquel que posee la visión más dura, más terrible de la realidad, aquel que ha pensado el «pensamiento más abismal»[144], no encuentra en sí, a pesar de todo, ninguna objeción contra el existir y ni siquiera contra el eterno retorno de éste – antes bien, una razón más para *ser él mismo* el sí eterno dicho a todas las cosas, «el inmenso e ilimitado decir sí y amén»...[145] «A todos los abismos llevo yo entonces, como una bendición, mi decir sí»...[146] *Pero esto es, una vez más, el concepto de Dioniso.*

7

– ¿Qué lenguaje hablará tal espíritu cuando hable él solo consigo mismo? El lenguaje del *ditirambo.* Yo soy el inventor del ditirambo. Óigase cómo Zaratustra habla consigo mismo *antes de la salida del sol* (III, 18): tal felicidad de esmeralda, tal divina ternura no la poseyó antes de mí lengua alguna. Aun la más honda melancolía de este Dioniso se torna ditirambo; tomo como signo *La canción de la noche,* el inmortal lamento de estar condenado, por la sobreabundancia de luz y de poder, por la propia naturaleza *solar,* a no amar.

Es de noche: ahora hablan más fuerte todos los surtidores. Y también mi alma es un surtidor.

Es de noche: sólo ahora se despiertan todas las canciones de los amantes. Y también mi alma es la canción de un amante.

En mí hay algo insaciado, insaciable, que quiere hablar. En mí hay un ansia de amor que habla asimismo el lenguaje del amor.

Luz soy yo: ¡ay, si fuera noche! Pero ésta es mi soledad, el estar circundado de luz.

¡Ay, si yo fuese oscuro y nocturno! ¡Cómo iba a sorber los pechos de la luz!

¡Y aun a vosotras iba a bendeciros, a vosotras estrellitas centelleantes y gusanos relucientes allá arriba! – y a ser dichoso por vuestros regalos de luz.

Pero yo vivo dentro de mi propia luz, yo reabsorbo en mí todas las llamas que de mí salen.

No conozco la felicidad del que toma; y a menudo he soñado que robar tiene que ser aún más dichoso que tomar.

Ésta es mi pobreza, el que mi mano no descansa nunca de dar; ésta es mi envidia, el ver ojos expectantes y las despejadas noches del anhelo.

¡Oh desventura de todos los que regalan! ¡Oh eclipse de mi sol! ¡Oh ansia de ansiar! ¡Oh hambre ardiente en la saciedad!

Ellos toman de mí: ¿pero toco yo siquiera su alma? Un abismo hay entre tomar y dar: el abismo más pequeño es el más difícil de salvar.

Un hambre brota de mi belleza: daño quisiera causar a quienes ilumino, saquear quisiera a quienes colmo de regalos: – tanta es mi hambre de maldad.

Retirar la mano cuando ya otra mano se extiende hacia ella; semejante a la cascada, que sigue vacilando en su caída: tanta es mi hambre de maldad.

Tal venganza se imagina mi plenitud; tal perfidia mana de mi soledad.

¡Mi felicidad en regalar ha muerto a fuerza de regalar, mi virtud se ha cansado de sí misma por su sobreabundancia!

Quien siempre regala corre peligro de perder el pudor; a quien siempre distribuye fórmansele, a fuerza de distribuir, callos en las manos y en el corazón.

Mis ojos ya no se llenan de lágrimas ante la vergüenza de los que piden; mi mano se ha vuelto demasiado dura para el temblar de manos llenas.

¿Adónde se fueron la lágrima de mi ojo y el plumón de mi corazón? ¡Oh soledad de todos los que regalan! ¡Oh taciturnidad de todos los que brillan!

Muchos soles giran en el espacio desierto: a todo lo que es oscuro háblanle con su luz, – para mí callan.

Oh, ésta es la enemistad de la luz contra lo que brilla, el recorrer despiadada sus órbitas.

Injusto en lo más hondo de su corazón contra lo que brilla: frío para con los soles, – así camina cada sol.

Semejantes a una tempestad recorren los soles sus órbitas, ése es su caminar, siguen su voluntad inexorable, ésa es su frialdad.

¡Oh, sólo vosotros los oscuros, los nocturnos, sacáis calor de lo que brilla! ¡Oh, sólo vosotros bebéis leche y consuelo de las ubres de la luz!

¡Ay, hielo hay a mi alrededor, mi mano se abrasa al tocar lo helado! ¡Ay, en mí hay sed, que desfallece por vuestra sed!

Es de noche: ¡ay, que yo tenga que ser luz! ¡Y sed de lo nocturno! ¡Y soledad!

Es de noche: ahora, cual una fuente, brota de mí mi deseo, – hablar es lo que deseo.

Es de noche: ahora hablan más fuerte todos los surtidores. Y también mi alma es un surtidor.

Es de noche: ahora se despiertan todas las canciones de los amantes. Y también mi alma es la canción de un amante[147].

8

Nada igual se ha compuesto nunca, ni sentido nunca, ni *sufrido* nunca: así sufre un dios, un Dioniso. La respuesta a este ditirambo del aislamiento solar en la luz sería Ariadna... ¡Quién sabe, excepto yo, qué es Ariadna!... De todos estos enigmas nadie tuvo hasta ahora la solución, dudo que alguien viera siquiera aquí nunca enigmas. – Zaratustra define en una ocasión su tarea –es también la mía– con tal rigor que no podemos equivocarnos sobre el *sentido: dice sí* hasta llegar a la justificación, hasta llegar incluso a la redención de todo lo pasado.

> Yo camino entre los hombres como entre los fragmentos del futuro: de aquel futuro que yo contemplo.
>
> Y todos mis pensamientos y deseos tienden a pensar y reunir en *unidad* lo que es fragmento y enigma y espantoso azar.
>
> ¡Y cómo soportaría yo ser hombre si el hombre no fuese también poeta y adivinador de enigmas y el redentor del azar!
>
> *Redimir a los que han pasado,* y transformar todo «fue» en un «así lo quise yo» – ¡sólo eso sería para mí redención![148]

En otro pasaje define con el máximo rigor posible lo único que para él puede ser el hombre –*no* un objeto de amor y mucho menos de compasión–, también la *gran náusea* producida por el hombre llegó Zaratustra a dominarla: el hombre es para él algo informe, un simple material, una deforme piedra que necesita del escultor.

> ¡No-*querer*-ya y no-*estimar*-ya y no-*crear*-ya! ¡Ay, que ese gran cansancio permanezca siempre alejado de mí!
>
> También en el conocer yo siento únicamente el placer de mi voluntad de engendrar y devenir; y si hay inocencia en mi conocimiento, eso ocurre porque en él hay *voluntad de engendrar.*
>
> Lejos de Dios y de los dioses me ha atraído esa voluntad; ¡qué habría que crear si los dioses – existiesen!
>
> Pero hacia el hombre vuelve siempre a empujarme mi ardiente voluntad de crear; así se siente impulsado el martillo hacia la piedra.

¡Ay, hombres, en la piedra dormita para mí una imagen, la imagen de mis imágenes! ¡Ay, que ella tenga que dormir en la piedra más dura, más fea!

Ahora mi martillo se enfurece cruelmente contra su prisión. De la piedra saltan pedazos: ¿qué me importa?

Quiero acabarlo: pues una sombra ha llegado hasta mí – ¡la más silenciosa y más ligera de todas las cosas vino una vez a mí!

La belleza del superhombre llegó hasta mí como una sombra. ¡Ay, hermanos míos! ¡Qué me importan ya – los dioses![149]

Destaco un último punto de vista: el verso subrayado da pretexto a ello. Para una tarea *dionisiaca* la dureza del martillo, el *placer mismo de aniquilar* forman parte de manera decisiva de las condiciones previas. El imperativo «¡Endureceos!»[150], la más honda certeza de que *todos los creadores son duros,* es el auténtico indicio de una naturaleza dionisiaca. –

Más allá del bien y del mal
Preludio de una filosofía del futuro

1

La tarea de los años siguientes estaba ya trazada de la manera más rigurosa posible. Después de haber quedado resuelta la parte de mi tarea que dice sí le llegaba el turno a la otra mitad, que dice no, *que hace no:* la transvaloración misma de los valores anteriores, la gran guerra, – el conjuro de un día de la decisión. Aquí está incluida la lenta mirada alrededor en busca de seres afines, de seres que desde una situación fuerte me ofrecieran la mano *para aniquilar.* – A partir de ese momento todos mis escritos son anzuelos: ¿entenderé yo acaso de pescar con anzuelo mejor que nadie?... Si nada ha *picado,* no es mía la culpa. *Faltaban los peces...*

2

Este libro (1886) es en todo lo esencial una *crítica de la modernidad,* no excluidas las ciencias modernas, las artes modernas, ni siquiera la política moderna, y ofrece a la vez indicaciones de un tipo antitético que es lo menos moderno posible, un tipo aristocrático, un tipo que dice sí. En este último sentido el libro es una *escuela del gentilhomme* [gentilhombre], entendido este concepto de manera más espiritual *y más radical* de lo que nunca hasta ahora lo ha sido. Es necesario tener coraje en el cuerpo aun sólo para soportarlo, es necesario no haber aprendido a tener miedo... Todas las cosas de que nuestra época está orgullosa son sentidas como contradicción respecto a ese tipo, casi como malos modales, así por ejemplo la famosa «objetividad», la «compasión por todos los que sufren», el «sentido histórico» con su servilismo respecto al gusto ajeno, con su arrastrarse ante *petits faits* [hechos pequeños], el «cientificismo». Si se tiene en cuenta que el libro viene *después* del *Zaratustra,* se adivinará también quizá el *régime* [régimen] dietético a que debe su nacimiento. El ojo, malacostumbrado por una enorme coerción a mirar *lejos* –Zaratustra ve aún más lejos que el Zar–, es aquí forzado a captar con agudeza lo más cercano, nuestra época, *lo que nos rodea.* Se encontrará en todo el libro, sobre todo también en la forma, idéntico alejamiento *voluntario* de aquellos instintos que hicieron posible un *Zaratustra.* El refinamiento en la forma, en la intención, en el arte de *callar,* ocupa el primer plano, la psicología es manejada con una dureza y una crueldad declaradas, – el libro carece de toda palabra benévola... Todo esto recrea: ¿quién adivina, en último término, *qué* especie de recreación se hace necesaria tras un derroche tal de bondad como es el *Zaratustra?* Dicho teológicamente –préstese atención, pues raras veces hablo yo como teólogo– fue Dios mismo quien, al final de su jornada de trabajo, se tendió bajo el árbol del conocimiento en forma de serpiente[151]: así descansaba de ser Dios... Había hecho todo demasiado bello... El diablo es sencillamente la ociosidad de Dios cada siete días...

Genealogía de la moral
Un escrito polémico

Los tres tratados de que se compone esta *Genealogía* son acaso, en punto a expresión, intención y arte de la sorpresa, lo más inquietante que hasta el momento se ha escrito. Dioniso es también, como se sabe, el dios de las tinieblas. – Siempre hay un comienzo que *debe* inducir a error, un comienzo frío, científico, incluso irónico, intencionadamente situado en primer plano, intencionadamente demorado. Poco a poco, más agitación; relámpagos aislados; desde lejos se hacen oír con un sordo gruñido verdades muy desagradables, – hasta que finalmente se alcanza un *tempo feroce* [ritmo feroz], en el que todo empuja hacia delante con enorme tensión. Al final, cada una de las veces, entre detonaciones completamente horribles, una *nueva* verdad se hace visible entre espesas nubes. – La verdad del *primer* tratado es la psicología del cristianismo: el nacimiento del cristianismo del espíritu del resentimiento, *no* del «espíritu», como de ordinario se cree, – un antimovimiento por su esencia, la gran rebelión contra el dominio de los valores *aristocráticos.* El *segundo* tratado ofrece la psicología de la *conciencia:* ésta *no* es, como se cree de ordinario, «la voz de Dios en el hombre», – es el instinto de la crueldad, que revierte hacia atrás cuando ya no puede seguir desahogándose hacia fuera. La crueldad, descubierta aquí por vez primera como uno de los más antiguos trasfondos de la cultura, con el que no es posible dejar de contar. El *tercer* tratado da respuesta a la pregunta de dónde procede el enorme *poder* del ideal ascético, del ideal sacerdotal, a pesar de ser éste el ideal *nocivo par excellence,* una voluntad de final, un ideal de *décadence.* Respuesta: *no* porque Dios esté actuando detrás de los sacerdotes, como se cree de ordinario, sino *faute de mieux* [a falta de algo mejor], – porque ha sido hasta ahora el único ideal, porque no ha tenido ningún competidor. «Pues el hombre prefiere querer incluso la nada a *no* querer»...[152] Sobre todo, faltaba un *contraideal – hasta Zaratustra.* – Se me ha entendido. Tres decisivos trabajos preliminares de un psicólogo para una transvaloración de todos los valores. – Este libro contiene la primera psicología del sacerdote.

Crepúsculo de los ídolos
Cómo se filosofa con el martillo

1

Este escrito, que no llega siquiera a las ciento cincuenta páginas, de tono alegre y fatal, un demón que ríe, – obra de tan pocos días que vacilo en decir su número, es la excepción en absoluto entre libros: no hay nada más sustancioso, más independiente, más demoledor, – más malvado. Si alguien quiere formarse brevemente una idea de cómo, antes de mí, todo se hallaba cabeza abajo, empiece por este escrito. Lo que en el título se denomina *ídolo* es sencillamente lo que hasta ahora fue llamado verdad. *Crepúsculo de los ídolos,* dicho claramente: la vieja verdad se acerca a su final...

2

No existe ninguna realidad, ninguna «idealidad» que no sea tocada en este escrito (– tocada: ¡qué eufemismo tan circunspecto!...). No sólo los ídolos *eternos,* también los más recientes, en consecuencia los más seniles. Las «ideas modernas», por ejemplo. Un gran viento sopla entre los árboles y por todas partes caen al suelo frutos – verdades. Hay en ello el derroche propio de un otoño demasiado rico: se tropieza con verdades, incluso se aplasta alguna de ellas con los pies, – hay demasiadas... Pero lo que se acaba por coger en las manos no es ya nada problemático, son decisiones. Yo soy el primero en tener en mis manos el metro para medir «verdades», yo soy el primero que *puedo* decidir. Como si en mí hubiese surgido una *segunda consciencia*[153], como si en mí «la voluntad» hubiera encendido una luz sobre la *pendiente* por la que hasta ahora se descendía... La *pendiente,* se la llamaba el camino hacia la «verdad»... Ha acabado todo «impulso oscuro», precisamente el hombre *bueno* era el que menos consciencia tenía del camino recto...[154] Y con toda seriedad, nadie conocía antes de mí el camino recto, el camino *hacia arriba:* sólo a partir de mí hay de nuevo esperanzas, tareas, caminos que trazar a la cultura[155] – *yo soy su alegre mensajero...* Cabalmente por ello soy también un destino. – –

3

Inmediatamente después de acabar la mencionada obra, y sin perder un solo día, acometí la ingente tarea de la *transvaloración,* con un soberano sentimiento de orgullo a que nada se equipara, cierto en todo momento de mi inmortalidad y grabando signo tras signo en tablas de bronce, con la seguridad propia de un destino. El prólogo es del 3 de septiembre de 1888: cuando aquella mañana, tras haberlo redactado, salí al aire libre, me encontré con el día más hermoso que la Alta Engadina me ha mostrado jamás – transparente, de colores encendidos, conteniendo en sí todos los contrastes, todos los grados intermedios entre el hielo y el sur. – Hasta el 20 de septiembre no dejé Sils-Maria, retenido por unas inundaciones, siendo al final el único huésped de ese lugar maravilloso, al que mi agradecimiento quiere otorgar el regalo de un nombre inmortal. Tras un viaje lleno de incidencias, en que incluso mi vida corrió peligro en el inundado Como, donde no entré hasta muy entrada la noche, llegué en la tarde del día 21 a Turín, mi lugar *probado,* mi residencia a partir de entonces. Tomé de nuevo la misma habitación que había ocupado durante la primavera[156], *via Carlo Alberto 6, III,* frente al imponente *palazzo Carignano,* en el que nació Vittorio Emanuele, con vistas a la *piazza Carlo Alberto* y, por encima de ella, a las colinas. Sin titubear y sin dejarme distraer un solo instante me lancé de nuevo al trabajo: quedaba por concluir tan sólo el último cuarto de la obra. El 30 de septiembre, gran victoria, conclusión de la *Transvaloración;* ociosidad de un dios por las orillas del Po[157]. Todavía ese mismo día escribí el *prólogo*[158] de *Crepúsculo de los ídolos,* la corrección de cuyas galeradas había constituido mi recreación en septiembre. – No he vivido jamás un otoño semejante ni tampoco he considerado nunca que algo así fuera posible en la tierra, – un Claude Lorrain[159] pensado hasta el infinito, cada día de una perfección idéntica e indómita. –

El caso Wagner
Un problema para amantes de la música

1

Para ser justos con este escrito es preciso que el destino de la música nos cause el sufrimiento que produce una herida abierta. – ¿*De qué* sufro cuando sufro del destino de la música? De que la música ha sido desposeída de su carácter transfigurador del mundo, de su carácter afirmador, – de que es música de *décadence* y ha dejado de ser la flauta de Dioniso... Pero suponiendo que se sienta de ese modo la causa de la música como causa *propia,* como historia del sufrimiento *propio,* se encontrará este escrito lleno de deferencias y sobremanera suave. En tales casos el conservar la jovialidad y el burlarse bondadosamente de sí mismo –*ridendo dicere severum*[160] [decir cosas severas riendo] allí donde el *verum dicere* [decir la verdad] justificaría todas las durezas– es el humanitarismo en persona. ¿Quién duda verdaderamente de que yo, como viejo artillero que soy, me encuentro en situación de disparar contra Wagner mi artillería *pesada?* – Todo lo decisivo en este asunto lo retuve dentro de mí, – he amado a Wagner. – En definitiva, al sentido y al camino de mi tarea corresponde un ataque a un «desconocido» más sutil, que otro difícilmente adivinaría –oh, yo tengo que desenmascarar a otros «desconocidos» completamente distintos y no a un Cagliostro de la música–[161], aún más, y ciertamente, un ataque a la nación alemana, que cada vez se vuelve más perezosa, más pobre de instintos en las cosas del espíritu, *más honorable,* nación que con un envidiable apetito continúa alimentándose de antítesis y lo mismo se traga, sin tener dificultades de digestión, la «fe» que el cientificismo, el «amor cristiano» que el antisemitismo, la voluntad de poder (de *«Reich»)* que el *évangile des humbles*[162] [evangelio de los humildes]... ¡Ese no tomar partido entre las antítesis! ¡Esa neutralidad y «desinterés» estomacales! Ese sentido justo del *paladar* alemán, que a todo otorga iguales derechos, – que todo lo encuentra sabroso... Sin ningún género de duda, los alemanes son idealistas... La última vez que visité Alemania encontré el gusto alemán esforzándose por conceder iguales derechos a Wagner y a *El trompetero de Säckingen*[163]*;* yo mismo fui testigo personal de cómo en Leipzig, para honrar a uno de los músicos más auténticos y más alemanes, alemán en el viejo sentido de la palabra, no un mero alemán del *Reich,* el maestro *Heinrich Schültz,* se fundó una Sociedad Listz, con la finalidad de cultivar y difundir *artera* música de iglesia... Sin ningún género de duda, los alemanes son idealistas...

2

Pero aquí nada ha de impedirme ponerme grosero y decirles a los alemanes unas cuantas verdades duras: *¿quién lo hace si no?* – Me refiero a su desvergüenza *in historicis* [en cuestiones históricas]. No es sólo que los historiadores alemanes hayan perdido del todo la *visión grande* de la andadura, de los valores de la cultura, que todos ellos sean bufones de la política (o de la Iglesia –): esa visión grande ha sido incluso *proscrita* por ellos. Es necesario ser primero «alemán», ser «raza», dicen, luego podrá decidirse sobre todos los valores y no-valores *in historicis* [en cuestiones históricas] – se los fija... El vocablo «alemán» es un argumento, *Deutschland, Deutschland über alles*[164] [Alemania, Alemania sobre todo] es un axioma, los germanos son en la historia «el orden moral del mundo»; en relación con el *imperium romanum* [imperio romano] son los depositarios de la libertad, en relación con el siglo XVIII son los restauradores de la moral, del «imperativo categórico»... Existe una historiografía del *Reich* alemán, existe, incluso, me temo, una historiografía antisemita, existe una historiografía *áulica,* y el señor Von Treitschke[165] no se avergüenza... Recientemente un juicio de idiota *in historicis* [en cuestiones históricas], una frase del esteta suabo Vischer[166], por fortuna ya difunto, dio la vuelta por los periódicos alemanes como una «verdad» a la que todo alemán *tenía que decir sí:* «El Renacimiento *y* la Reforma protestante, sólo ambas cosas juntas constituyen un todo –el renacimiento estético *y* el renacimiento moral–». Tales frases acaban con mi paciencia, y experimento placer, siento incluso como deber el decir de una vez a los alemanes todo *lo que* tienen ya sobre su conciencia. *¡Todos los grandes crímenes contra la cultura en los últimos cuatro siglos los tienen ellos sobre su conciencia!...* Y siempre por el mismo motivo, por su profundísima *cobardía* frente a la realidad, que es también la cobardía frente a la verdad, por su falta de veracidad, cosa que en ellos se ha convertido en un instinto, por «idealismo»... Los alemanes han hecho perder a Europa la cosecha, el sentido de la última época *grande,* la época del Renacimiento, en un instante en que un orden superior de los valores, en que los valores aristocráticos, los que dicen sí a la vida, los que garantizan el futuro, habían llegado a triunfar en la sede de los valores contrapuestos, de los *valores de decadencia – ¡y hasta en los instintos de los que allí se asentaban!* Lutero, esa fatalidad de fraile, restauró la Iglesia y, lo que es mil veces peor, el cristianismo, en el momento *en que éste sucumbía...* ¡El cristianismo, esa *negación de la voluntad de vida* hecha religión! ... Lutero, un fraile imposible, que atacó a la Iglesia por motivos de esa su propia «imposibilidad» y –¡en consecuencia!– la restauró... Los católicos tendrían razones para ensalzar a Lutero, para componer obras teatrales en honor de él... Lutero – ¡ y el «renacimiento moral»! ¡Al diablo toda psicología! – Sin duda los alemanes son idealistas. – Por dos veces, justo cuando con inmensa valentía y vencimiento de sí mismo se había alcanzado un modo de pensar recto, inequívoco, perfectamente científico, los alemanes han sabido encontrar caminos tortuosos para volver al viejo «ideal», reconciliaciones entre verdad e «ideal», en el fondo fórmulas para tener derecho a rechazar la ciencia, derecho a la *mentira.* Leibniz y Kant, – ¡esos dos máximos obstáculos para la rectitud intelectual de Europa! – Finalmente, cuando a caballo entre dos siglos de *décadence* se dejó ver una *force majeure* [fuerza mayor] de genio y voluntad, lo bastante fuerte para hacer de Europa una unidad, una unidad política *y económica,* destinada a gobernar la Tierra, los alemanes, con sus «guerras de liberación», han hecho perder a Europa el sentido, el milagro de sentido que hay en la existencia de Napoleón, – con ello tienen sobre su conciencia todo lo que vino luego, todo lo que hoy existe, esa enfermedad y esa sinrazón, *las más contrarias a la cultura,* que existen, el nacionalismo, esa *névrose nationale* [neurosis nacional], de la que está enferma Europa, esa perpetuación de los pequeños Estados de Europa, de la *pequeña* política: han hecho perder a Europa incluso su sentido, su *razón* – la han llevado a un callejón sin salida. – ¿Conoce alguien, excepto yo, una vía para escapar de él?... ¿Una tarea lo suficientemente grande para *unir* de nuevo a los pueblos?

3

Y en última instancia, ¿por qué no he de manifestar mi sospecha? También en mi caso volverán los alemanes a ensayar todo para que de un destino inmenso nazca un ratón[167]. Hasta ahora se han desacreditado conmigo, dudo que en el futuro vayan a hacerlo mejor. – ¡Ay, cuánto deseo ser en esto un *mal* profeta! Mis lectores y oyentes naturales son ya ahora rusos, escandinavos y franceses, – ¿lo serán cada vez más? – Los alemanes se hallan inscritos en la historia del conocimiento sólo con nombres ambiguos, no han producido nunca más que falsarios «inconscientes» (– Fichte, Schelling, Schopenhauer, Hegel, Schleiermacher merecen esa palabra, lo mismo que Kant y Leibniz; todos ellos son meros fabricantes de velos *[Schleiermacher]* –)[168]: no van a tener nunca el honor de que el primer espíritu *íntegro* en la historia del espíritu, el espíritu en el que la verdad viene a juzgar a los falsarios de cuatro siglos, sea incluido entre los representantes del espíritu alemán. El «espíritu alemán» es *mi* aire viciado: me cuesta respirar en la cercanía de esa suciedad *in psychologicis* [en asuntos psicológicos] convertida en instinto y que se revela en cada palabra, en cada gesto de un alemán. Ellos no han atravesado jamás un siglo XVII de severo examen de sí mismos, como los franceses, un La Rochefoucauld, un Descartes son cien veces superiores en rectitud a los primeros alemanes, – no han tenido hasta ahora un solo psicólogo. Pero la psicología constituye casi el criterio de la *limpieza* o *suciedad* de una raza... Y cuando no se es siquiera limpio, ¿cómo se va a tener *profundidad?* En el alemán, de un modo semejante a lo que ocurre en la mujer, no se llega nunca al fondo, *no lo tiene:* eso es todo. Pero no por ello se es ya superficial[169]. – Lo que en Alemania se llama «profundo» es cabalmente esa suciedad instintiva para consigo mismo de la que acabo de hablar: no se *quiere* estar en claro acerca de sí mismo. ¿Me sería lícito proponer que se usase la expresión «alemán» como moneda internacional para designar *esa* depravación psicológica? – En este momento, por ejemplo, el emperador alemán afirma que su «deber cristiano» es liberar a los esclavos de África[170]: nosotros los *otros* europeos llamaríamos a esto sencillamente «alemán»... ¿Han producido los alemanes un solo libro que tenga profundidad? Incluso se les escapa la noción de lo que en un libro es profundo. He conocido personas doctas que consideraban profundo a Kant; me temo que en la corte prusiana se considere profundo al señor Von Treitschke. Y cuando yo he alabado ocasionalmente a Stendhal como psicólogo profundo, me ha ocurrido, estando con catedráticos de universidad alemanes, que me han hecho deletrearles el nombre...

4

–¿Y por qué no había yo de llegar hasta el final? Me gusta hacer tabla rasa. Forma incluso parte de mi ambición el ser considerado como despreciador *par excellence* de los alemanes. La *desconfianza* contra el carácter alemán la manifesté ya cuando tenía veintisiete años (tercera *Intempestiva,* p. 71)[171] – para mí los alemanes son imposibles. Cuando me imagino una especie de hombre que contradice a todos mis instintos, siempre me sale un alemán. Lo primero que hago cuando «sondeo los riñones» de un hombre es mirar si tiene en el cuerpo un sentimiento para la distancia, si ve en todas partes rango, grado, orden entre un hombre y otro, si *distingue:* teniendo esto se es *gentilhomme* [gentilhombre]; en cualquier otro caso se pertenece irremisiblemente al tan magnánimo, ay, tan bondadoso concepto de la *canaille* [chusma]. Pero los alemanes son *canaille* – ¡ay!, son tan bondadosos... uno se rebaja con el trato con alemanes: el alemán *nivela...* Si excluyo mi trato con algunos artistas, sobre todo con Richard Wagner, no he pasado ni una sola hora buena con alemanes... Suponiendo que apareciese entre ellos el espíritu más profundo de todos los milenios, cualquier salvador del Capitolio[172] opinaría que su muy poco bella alma tendría al menos idéntica importancia... No soporto a esta raza, con quien siempre se está en mala compañía, que no tiene mano para las *nuances* [matices] –¡ay de mí!, yo soy una *nuance*–, que no tiene *esprit* [ligereza] en los pies y ni siquiera sabe caminar... A fin de cuentas, los alemanes carecen en absoluto de pies, sólo tienen piernas... Los alemanes no se dan cuenta de cuán vulgares son, pero esto constituye el superlativo de la vulgaridad, ni siquiera se *avergüenzan* de ser meramente alemanes... Hablan de todo, creen que ellos son quienes deciden, me temo que incluso han decidido sobre mí... – Mi vida entera es la prueba *de rigueur* [rigurosa] de tales afirmaciones. Es inútil que yo busque en el alemán una señal de tacto, de *délicatesse* [delicadeza] para conmigo. De judíos, sí la he recibido, pero nunca todavía de alemanes. Mi modo de ser hace que yo sea dulce y benévolo con todo el mundo –tengo *derecho* a no hacer diferencias–: esto no impide que tenga los ojos abiertos. No hago excepciones con nadie, y mucho menos con mis amigos, ¡espero, en definitiva, que esto no haya perjudicado a mi cortesía para con ellos! Hay cinco, seis cosas de las que siempre he hecho cuestión de honor. – A pesar de ello, es cierto que casi todas las cartas que recibo desde hace años me parecen un cinismo: hay más cinismo en la benevolencia para conmigo que en cualquier odio... A cada uno de mis amigos le echo en cara que jamás ha considerado que mereciese la pena *estudiar* alguno de mis escritos: adivino, por signos mínimos, que ni siquiera saben lo que en ellos se encierra. En lo que se refiere a mi *Zaratustra,* ¿cuál de mis amigos habrá visto en él algo más que una presunción ilícita, que por fortuna resulta completamente indiferente?... Diez años: y nadie en Alemania ha considerado un deber de conciencia el defender mi nombre contra el silencio absurdo bajo el que yacía sepultado: un extranjero, un danés, ha sido el primero en tener suficiente finura de instinto *y* suficiente *coraje* para indignarse contra mis presuntos amigos... ¿En qué universidad alemana sería posible hoy dar lecciones sobre mi filosofía, como las ha dado en Copenhague durante la última primavera el doctor Georg Brandes, demostrando con ello una vez más ser psicólogo?[173] Yo mismo no he sufrido nunca por nada de esto; lo *necesario* no me hiere; *amor fati* [amor al destino] constituye mi naturaleza más íntima. Pero esto no excluye que me guste la ironía, incluso la ironía de la historia universal. Y así, aproximadamente dos años antes del rayo destructor de la *Transvaloración,* rayo que hará convulsionarse a la tierra, he dado al mundo *El caso Wagner:* los alemanes deberían atentar de nuevo inmortalmente contra mí, ¡y *eternizarse!,* ¡todavía hay tiempo para ello! – ¿Se ha conseguido esto? – ¡Delicioso, señores alemanes! Les doy la enhorabuena... Para que no falten siquiera los amigos, acaba de escribirme una antigua amiga diciéndome que ahora *se ríe* de mí...[174]. Y esto, en un instante en que pesa sobre mí una responsabilidad indecible, – en un instante en que ninguna palabra puede ser suficientemente delicada, ninguna mirada suficientemente respetuosa conmigo. Pues yo llevo sobre mis espaldas el destino de la humanidad[175]. –

Por qué soy yo un destino

1

Conozco mi suerte. Alguna vez irá unido a mi nombre el recuerdo de algo mostruoso, – de una crisis como jamás la hubo antes en la Tierra, de la más profunda colisión de conciencias, de una decisión tomada, mediante un conjuro, *contra* todo lo que hasta este momento se ha creído, exigido, santificado. Yo no soy un hombre, soy dinamita. – Y a pesar de todo esto, nada hay en mí de fundador de una religión; las religiones son asuntos de la plebe, yo siento la necesidad de lavarme las manos después de haber estado en contacto con personas religiosas... No *quiero* «creyentes», pienso que soy demasiado maligno para creer en mí mismo, no hablo jamás a las masas... Tengo un miedo espantoso de que algún día se me declare *santo:* se adivinará la razón por la que yo publico este libro *antes,* tiende a evitar que se cometan abusos conmigo. No quiero ser un santo, antes prefiero ser un bufón... Quizá sea yo un bufón... Y a pesar de ello, o mejor, *no* a pesar de ello –puesto que nada ha habido hasta ahora más embustero que los santos–, la verdad habla en mí. Pero mi verdad es *terrible:* pues hasta ahora se ha venido llamando verdad a la *mentira.* – *Transvaloración de todos los valores:* ésta es mi fórmula para designar un acto de suprema autognosis de la humanidad, acto que en mí se ha hecho carne y genio. Mi suerte quiere que yo tenga que ser el primer hombre *decente,* que yo me sepa en contradicción a la mendacidad de milenios... Yo soy el primero que ha *descubierto* la verdad, debido a que he sido el primero en sentir –en *oler*– la mentira como mentira... Mi genio está en mi nariz... Yo contradigo como jamás se ha contradicho y soy, a pesar de ello, la antítesis de un espíritu que dice no. Yo soy un *alegre mensajero* como no ha habido ningún otro, conozco tareas tan elevadas que hasta ahora faltaba el concepto para comprenderlas; sólo a partir de mí existen de nuevo esperanzas[176]. A pesar de todo esto, yo soy también, necesariamente, el hombre de la fatalidad. Pues cuando la verdad entable lucha con la mentira de milenios tendremos conmociones, un espasmo de terremotos, un desplazamiento de montañas y valles como nunca se había soñado. El concepto de política queda entonces totalmente absorbido en una guerra de los espíritus, todas las formaciones de poder de la vieja sociedad saltan por el aire – todas ellas se basan en la mentira: habrá guerras como jamás las ha habido en la Tierra. Sólo a partir de mí existe en la Tierra la *gran política.* –

2

¿Se quiere una fórmula de un destino como ése, *que se hace hombre?* – Se encuentra en mi Zaratustra.

> *– y quien tiene que ser un creador en el bien y en el mal: en verdad, ése tiene que ser antes un aniquilador y quebrantar valores.*
>
> *Por eso el mal sumo forma parte de la bondad suma: mas ésa es la bondad creadora*[177]*.*

Yo soy, con mucho, el hombre más terrible que ha existido hasta ahora; esto no excluye que yo seré el más benéfico. Conozco el placer de *aniquilar* en un grado que corresponde a mi *fuerza* para aniquilar, – en ambos casos obedezco a mi naturaleza dionisiaca, la cual no sabe separar el hacer no del decir sí. Yo soy el primer *inmoralista:* por ello soy el *aniquilador par excellence.* –

3

No se me ha preguntado, pero debería habérseme preguntado qué significa cabalmente en mi boca, en boca del primer inmoralista, el nombre *Zaratustra;* pues lo que constituye la inmensa singularidad de este persa en la historia es justo lo contrario de esto. Zaratustra fue el primero en advertir que la auténtica rueda que hace moverse a las cosas es la lucha entre el bien y el mal, – la trasposición de la moral a lo metafísico, como fuerza, causa, fin en sí, es obra *suya.* Mas esa pregunta sería ya, en el fondo, la respuesta. Zaratustra *creó* ese error, el más fatal de todos, la moral; en consecuencia, también él tiene que ser el primero en *reconocerlo.* No es sólo que él tenga en esto una experiencia mayor y más extensa que ningún otro pensador –la historia entera constituye, en efecto, la refutación experimental del principio del denominado «orden moral del mundo»–: mayor importancia tiene el que Zaratustra sea más veraz que ningún otro pensador. Su doctrina, y sólo ella, considera la veracidad como virtud suprema – esto significa lo contrario de la *cobardía* del «idealista», que, frente a la realidad, huye; Zaratustra tiene en su cuerpo más valentía que todos los demás pensadores juntos. Decir la verdad y *disparar bien con flechas*[178], ésta es la virtud persa. – ¿Se me entiende?... La autosuperación de la moral por veracidad, la autosuperación del moralista en su antítesis –en *mí*– es lo que significa en mi boca el nombre Zaratustra.

4

En el fondo, son dos las negaciones que encierra en sí mi palabra *inmoralista.* Yo niego en primer lugar un tipo de hombre considerado hasta ahora como el tipo supremo, los *buenos,* los *benévolos,* los *benéficos;* yo niego por otro lado una especie de moral que ha alcanzado vigencia y dominio de moral en sí, – la moral de la *décadence,* hablando de manera más tangible, la moral *cristiana.* Sería lícito considerar que la segunda contradicción es la decisiva, pues para mí la sobreestimación de la bondad y de la benevolencia es ya, vistas las cosas a grandes rasgos, una consecuencia de la *décadence,* un síntoma de debilidad, algo incompatible con una vida ascendente y que dice sí: negar *y aniquilar* son condiciones del decir sí. – Voy a detenerme primero en la psicología del hombre bueno. Para estimar lo que vale un tipo de hombre es preciso calcular el precio que cuesta su conservación, – es necesario conocer sus condiciones de existencia. La condición de existencia de los buenos es la *mentira–:* dicho de otro modo, el no-*querer*-ver a ningún precio cómo está constituida en el fondo la realidad, a saber, que *no* lo está de tal modo que constantemente suscite instintos benévolos, y aun menos de tal modo que permita constantemente la intervención de manos miopes y bonachonas. Considerar en general los *estados de necesidad* de toda especie como objeción, como algo que hay que *eliminar,* es la *niaiserie par excellence* [máxima estupidez], es, vistas las cosas en conjunto, una verdadera desgracia en sus consecuencias, un destino de estupidez–, casi tan estúpido como sería la voluntad de eliminar el mal tiempo – por compasión, por ejemplo, por la pobre gente... En la gran economía del todo los elementos terribles de la realidad (en los afectos, en los apetitos, en la voluntad de poder) son inconmensurablemente más necesarios que aquella forma de pequeña felicidad denominada «bondad»; hay que ser incluso indulgente para conceder en absoluto un puesto a esta última, ya que se halla condicionada por la mendacidad del instinto. Tendré una gran ocasión de demostrar las consecuencias desmesuradamente funestas que el *optimismo,* ese engendro de los *homines optimi* [hombres mejores entre todos], ha tenido para la historia entera. Zaratustra, el primero en comprender que el optimista es tan *décadent* como el pesimista, y tal vez más nocivo, dice: *Los hombres buenos no dicen nunca la verdad. Falsas costas y falsas seguridades os han enseñado los buenos: en mentiras de los buenos habéis nacido y habéis estado cobijados. Todo está falseado y deformado hasta el fondo por los buenos*[179]. Por fortuna no está el mundo construido sobre instintos tales que cabalmente sólo el bonachón animal de rebaño encuentre en él su estrecha felicidad; exigir que todo se convierta en «hombre bueno», animal de rebaño, ojiazul, benévolo, «alma bella» – o altruista, como lo desea el señor Herbert Spencer, significaría privar al existir de su carácter *grande,* significaría castrar a la humanidad y reducirla a una mísera chinería. – *¡Y se ha intentado hacer eso!... Precisamente a eso se lo ha denominado moral...* En este sentido Zaratustra llama a los buenos unas veces «los últimos hombres» y otras el «comienzo del final»; sobre todo, los considera como *la especie más nociva de hombre,* porque imponen su existencia tanto a costa de la *verdad* como a costa del *futuro.*

Los buenos, en efecto, – no pueden *crear:* son siempre el comienzo del final –

– crucifican a quien escribe *nuevos* valores sobre nuevas tablas, sacrifican el futuro a sí *mismos,* – *¡crucifican* todo el futuro de los hombres!

Los buenos – han sido siempre el comienzo del final.

Y sean cuales sean los daños que los calumniadores del mundo ocasionen: *¡el daño de los buenos es el daño más dañino de todos!*[180]

5

Zaratustra, primer psicólogo de los buenos, es –en consecuencia– un amigo de los malvados. Si una especie decadente de hombre ascendió al rango de especie suprema, eso sólo fue posible a costa de la especie opuesta a ella, de la especie fuerte y vitalmente segura de hombre. Si el animal de rebaño brilla en el resplandor de la virtud más pura, el hombre de excepción tiene que haber sido degradado a la categoría de malvado. Si la mendacidad reclama a toda costa, para su óptica, la palabra «verdad», al auténticamente veraz habrá que encontrarlo entonces bajo los peores nombres. Zaratustra no deja aquí duda alguna: dice que el conocimiento de los buenos, de los «mejores», ha sido precisamente lo que le ha producido horror por el hombre en cuanto tal; *esta* repulsión le ha hecho crecer las alas para «alejarse volando hacia futuros remotos»[181], – no oculta que *su* tipo de hombre, un tipo relativamente sobrehumano, es sobrehumano cabalmente en relación con *los buenos,* que los buenos y justos llamarán *demonio* a su superhombre...

> ¡Vosotros los hombres supremos con que mis ojos tropezaron! Ésta es mi duda respecto a vosotros y mi secreto reír: ¡apuesto a que a mi superhombre lo llamaríais – demonio!
>
> ¡Tan extraños sois a lo grande en vuestra alma que el superhombre os resultará *temible* en su bondad![182]

De este pasaje, y no de otro, hay que partir para comprender lo que Zaratustra *quiere:* esa especie de hombre concebida por él concibe la realidad *tal como ella es:* es suficientemente fuerte para hacerlo, no es una especie de hombre extrañada, alejada de la realidad, es *la realidad misma,* encierra todavía en sí todo lo terrible y problemático de ésta, *sólo así puede el hombre tener grandeza...*

6

– Pero también en otro sentido diferente he escogido para mí la palabra *inmoralista* como distintivo, como emblema de honor; estoy orgulloso de tener esa palabra para distinguirme de la humanidad entera. Nadie ha sentido todavía la moral *cristiana* como algo situado *por debajo de* sí: para ello se necesitaban una altura, una perspectiva, una profundidad y una hondura psicológicas totalmente inauditas hasta ahora. La moral cristiana ha sido hasta este momento la Circe de todos los pensadores – éstos se hallaban a su servicio. – ¿Quién, antes de mí, ha penetrado en las cavernas de las que brota el venenoso aliento de esa especie de ideal –¡la *difamación del mundo!– ?* ¿Quién se ha atrevido siquiera a suponer que son cavernas? ¿Quién, antes de mí, ha sido entre los filósofos *psicólogo* y no más bien lo contrario de éste, «farsante superior», «idealista»? Antes de mí no ha habido en absoluto psicología. – Ser en esto el primero puede ser una maldición, es en todo caso un destino: *pues se es también el primero en despreciar...* La *náusea* por el hombre es mi peligro...

7

¿Se me ha entendido? – Lo que me separa, lo que me pone aparte de todo el resto de la humanidad es el haber *descubierto* la moral cristiana. Por eso necesitaba yo una palabra que tuviese el sentido de un reto lanzado a todos. No haber abierto antes los ojos en este asunto representa para mí la más grande suciedad que la humanidad tiene sobre la conciencia, un autoengaño convertido en instinto, una voluntad de *no* ver, por principio, ningún acontecimiento, ninguna causalidad, ninguna realidad, un fraude *in psychologicis* [en cuestiones psicológicas] que llega a ser un crimen. La ceguera respecto al cristianismo es el *crimen par excellence,* el crimen *contra la vida...* Los milenios, los pueblos, los primeros y los últimos, los filósofos y las mujeres viejas –exceptuados cinco, seis instantes de la historia, yo como séptimo–, todos ellos son, en este punto, dignos unos de otros. El cristiano ha sido hasta ahora *el* «ser moral»[183], una curiosidad sin igual – y *en cuanto* «ser moral» ha sido más absurdo, más mendaz, más vano, más frívolo, *más perjudicial a sí mismo* que cuanto podría haber soñado el más grande despreciador de la humanidad. La moral cristiana – la forma más maligna de la voluntad de mentira, la auténtica Circe de la humanidad: lo que la ha *corrompido.* Lo que a mí me espanta en este espectáculo *no* es el error en cuanto error, *ni* la milenaria falta de «buena voluntad», de disciplina, de decencia, de valentía en las cosas del espíritu, manifestada en la historia de aquél: – ¡es la falta de naturaleza, es el hecho absolutamente horripilante de que la *antinaturaleza* misma, considerada como moral, haya recibido los máximos honores y haya estado suspendida sobre la humanidad como ley, como imperativo categórico!... ¡Equivocarse hasta ese punto, *no* como individuo, *no* como pueblo, sino como humanidad!... Que se aprendiese a despreciar los instintos primerísimos de la vida; que se *fingiese mentirosamente* un «alma», un «espíritu», para arruinar el cuerpo; que se aprendiese a ver una cosa impura en el presupuesto de la vida, en la sexualidad; que se buscase el principio del mal en la más honda necesidad de desarrollarse, en el egoísmo *riguroso* –(– ¡ya la palabra misma es una calumnia! –)–; que, por el contrario, se viese el valor *superior,* ¡qué digo!, el *valor en sí,* en los signos típicos de la decadencia y de la contradicción a los instintos, en lo «desinteresado», en la pérdida del centro de gravedad, en la «despersonalización» y «amor al prójimo» (¡vicio del prójimo!)... ¡Cómo! ¿La humanidad misma estaría en *décadence?* ¿Lo ha estado siempre? – Lo que es cierto es que se le han *enseñado* como valores supremos únicamente valores de *décadence.* La moral de la renuncia a sí mismo es la moral de decadencia *par excellence,* el hecho «yo perezco» traducido en el imperativo: «todos vosotros debéis perecer» – ¡y *no sólo* en el imperativo!... Esta única moral enseñada hasta ahora, la moral de la renuncia a sí mismo, delata una voluntad de final, *niega* en su último fundamento la vida. – Aquí quedaría abierta la posibilidad de que estuviese degenerada no la humanidad, sino sólo aquella especie parasitaria de hombre, la del *sacerdote,* que con la moral se ha elevado a sí mismo fraudulentamente a la categoría de determinador del valor de la humanidad, especie de hombre que vio en la moral cristiana su medio para llegar al *poder...* Y de hecho, ésta es *mi* visión: los maestros, los guías de la humanidad, todos ellos teólogos, fueron todos ellos también *décadents: de ahí* la transvaloración de todos los valores en algo hostil a la vida, *de ahí* la moral... *Definición de la moral:* moral – la idiosincrasia de *décadents,* con la intención oculta de *vengarse de la vida* – y con éxito. Doy mucho valor a *esta* definición. –

8

–¿Se me ha entendido? – No he dicho aquí ni una palabra que no hubiese dicho hace ya cinco años por boca de Zaratustra. – El *descubrimiento* de la moral cristiana es un acontecimiento que no tiene igual, una verdadera catástrofe. Quien hace luz sobre ella es una *force majeure* [fuerza mayor], un destino, – divide en dos partes la historia de la humanidad. Se vive *antes* de él, se vive *después* de él ...El rayo de la verdad cayó precisamente sobre lo que más alto se encontraba hasta ahora: quien entiende *qué* es lo que aquí ha sido aniquilado examine si todavía le queda algo en las manos. Todo lo que hasta ahora se llamó «verdad» ha sido reconocido como la forma más nociva, más pérfida, más subterránea de la mentira; el sagrado pretexto de «mejorar» a la humanidad, reconocido como el ardid para *chupar la sangre* a la vida misma, para volverla anémica. Moral como *vampirismo...* Quien descubre la moral ha descubierto también el no-valor de todos los valores en que se cree o se ha creído; no ve ya algo venerable en los tipos de hombre más venerados e incluso proclamados *santos,* ve en ellos la más fatal especie de engendros, fatales *porque han fascinado*... ¡El concepto «Dios», inventado como concepto antitético de la vida – en ese concepto, concentrado en horrorosa unidad todo lo nocivo, envenenador, difamador, la entera hostilidad a muerte contra la vida! ¡El concepto «más allá», «mundo verdadero», inventado para desvalorizar el *único* mundo que existe – para no dejar a nuestra realidad terrenal ninguna meta, ninguna razón, ninguna tarea! ¡El concepto «alma», «espíritu», y por fin incluso «alma inmortal», inventado para despreciar el cuerpo, para hacerlo enfermar –hacerlo «santo»–, para contraponer una ligereza horripilante a todas las cosas que merecen seriedad en la vida, a las cuestiones de alimentación, vivienda, dieta espiritual, tratamiento de los enfermos, limpieza, clima! ¡En lugar de la salud, la «salvación del alma» – es decir, una *folie circulaire*[184] [locura circular] entre convulsiones de penitencia e histerias de redención! ¡El concepto «pecado», inventado, juntamente con el correspondiente instrumento de tortura, el concepto «voluntad libre», para extraviar los instintos, para convertir en una segunda naturaleza la desconfianza frente a ellos! ¡En el concepto de «desinteresado», de «negador de sí mismo», el auténtico indicio de *décadence,* el quedar *seducido* por lo nocivo, el ser-*incapaz*-ya-de-encontrar-el-propio-provecho, la destrucción de sí mismo, convertidos en el signo del valor en cuanto tal, en el «deber», en la «santidad», en lo «divino» del hombre! Finalmente –es lo más horrible– en el concepto de hombre *bueno,* la defensa de todo lo débil, enfermo, mal constituido, sufriente a causa de sí mismo, de todo aquello *que debe perecer*–, invertida la ley de la *selección,* convertida en un ideal la contradicción del hombre orgulloso y bien constituido, del que dice sí, del que está seguro del futuro, del que garantiza el futuro – hombre que ahora es llamado *el malvado*... ¡Y todo esto fue creído *como moral!* – *Écrasez l'infâme!*[185] [Aplastad a la infame]. –

9

¿Se me ha comprendido? – *Dioniso contra el Crucificado*...

Notas del traductor*

1. Véase *Crepúsculo de los ídolos,* «Los “mejoradores” de la humanidad», ed. citada, p. 77.
2. Véase *Crepúsculo de los ídolos,* «Cómo el “mundo verdadero” acabó convirtiéndose en una fábula», ed. citada, p. 57.
3. Véase *Más allá del bien y del mal,* parte primera, «De los prejuicios de los filósofos», ed. citada, p. 22.
4. Expresión de Ovidio *(Amores,* 3, 17-18), repetida por Nietzsche en otros muchos lugares. El contexto en Ovidio es: *Nitimur in vetitum semper cupimusque negata; sic interdictis imminet aeger aquis* [Nos lanzamos siempre hacia lo prohibido y deseamos lo que se nos niega; así acecha el enfermo las aguas prohibidas]. Para Nietzsche llegó a ser esta frase casi un lema.
5. Sobre lo «alciónico», véase el hermoso ensayo de J. Marías «Ataraxía y alcionismo» (en *Obras,* VI, 423-435). Como buen helenista, Nietzsche conocía este mito y alude a él innumerables veces. En *El caso Wagner,* 10, dice «nosotros los alciónicos».
6. Véase *Así habló Zaratustra,* ed. citada, p. 249.
7. Véase *Así habló Zaratustra,* ed. citada, p. 153.
8. En esta traducción castellana dejamos siempre intactas las palabras no alemanas empleadas por Nietzsche. Innumerables veces emplea en este escrito: *décadent* [decadente], *décadence* [decadencia] y *par excellence* [por excelencia].
9. Véase Evangelio de Mateo, 5, 43-44.
10. Nietzsche invierte aquí la frase del Evangelio de Mateo, 10, 33.

* Si no se indica otra cosa, las referencias de las notas corresponden a las ediciones más recientes de la obra de Nietzsche en Alianza Editorial (El libro de bolsillo: Biblioteca de autor), prologada, traducida y anotada por Andrés Sánchez Pascual: *El Anticristo* (2011), *Así habló Zaratustra* (2011), *La genealogía de la moral* (2011), *Consideraciones intempestivas,* 1 (2000 y reimpresiones), *El nacimiento de la tragedia* (2000 y reimps.), *Crepúsculo de los ídolos* (1998 y reimps.) y *Más allá del bien y del mal* (1997 y reimps.).

11. Véase *Así habló Zaratustra,* ed. citada, pp. 145-146.
12. El 15 de octubre de 1888.
13. Transvaloración, *Umwertung.* Esta traducción literal del famoso término nietzscheano parece, aunque nueva, más adecuada que las hasta ahora usuales en España, que eran un tanto chillonas: «*inversión* de los valores», «*subversión* de los valores», «*derrumbamiento* de los valores», las cuales sugieren algo así como «anarquía». Nada más lejos de Nietzsche. Se trata de «cambiar» y «sustituir» unos valores por otros, a saber, los inventados por los resentidos, por los dimanantes del superhombre.
14. En el folio recientemente descubierto, que contiene el auténtico § 3 de «Por qué soy yo tan sabio», se encuentra también una advertencia de Nietzsche por la cual el párrafo que va desde «La *Transvaloración...*» hasta aquí sustituye al que antes había y que decía: «El primer libro de la *Transvaloración de todos los valores,* los *Cantos de Zaratustra,* el *Crepúsculo de los ídolos,* un intento de filosofar con el martillo». Como es obvio, ese último texto es el que ha figurado siempre hasta ahora como texto querido por Nietzsche, ya que se desconocía el que figura en esta edición castellana, al estar señalado en un folio que había desaparecido. Este pequeño cambio es muy importante, pues indica que Nietzsche *no* dejó ninguna obra póstuma en cuatro libros llamada *Transvaloración de todos los valores,* sino que, ya desde el 20 de noviembre de 1888, consideró que *El Anticristo* era la *entera Transvaloración* (y no sólo *su primer* libro). Es más, *Transvaloración de todos los valores* fue para Nietzsche, en cierto momento, tan sólo el subtítulo de *El Anticristo.*
15. Sobre el padre de Nietzsche, Karl Ludwig Nietzsche (1813-1849), y su madre, Franziska, nacida Oehler (1825-1897), véase el cuadro cronológico del final.
16. Véase *Crepúsculo de los ídolos,* el apartado «El problema de Sócrates», ed. citada, pp. 43-50.
17. Véase *Crepúsculo de los ídolos,* «Sentencias y flechas», 8: «*De la escuela de guerra de la vida.* – Lo que no me mata me hace más fuerte», ed. citada, p. 34.
18. Damos a continuación el texto íntegro que durante sesenta años ha venido sustituyendo al que Nietzsche de verdad quiso. La comparación con el original exime de todo comentario:
    «Esta doble serie de experiencias, este acceso a mundos aparentemente separados se repiten en mi naturaleza en todos los aspectos – yo soy mi propio doble, yo poseo también, además de la primera vista, la "segunda". *Y* acaso incluso la tercera... Ya mi ascendencia me permite tener una mirada que va más allá de todas las perspectivas meramente locales, meramente nacionales, a mí no me cuesta ningún esfuerzo ser un "buen europeo". Por otro lado, yo soy quizá más alemán que cuan-

to pudieran serlo los alemanes de ahora, simples alemanes del *Reich* – yo, el último alemán *antipolítico.* Y sin embargo, mis antepasados fueron aristócratas polacos: de ellos me vienen muchos instintos de raza que llevo en el cuerpo, y, ¿quién sabe?, incluso, en última instancia, el *liberum veto.* Si pienso en las muchas veces en que, yendo de viaje, otras personas, incluso polacos mismos, se han dirigido a mí tomándome por polaco y en las pocas veces en que se me toma por alemán, podría parecer que yo soy uno de esos alemanes que de tales no tienen más que *salpicaduras.* Pero mi madre, Franziska Oehler, es, de todos modos, algo muy alemán; y también mi abuela paterna, Erdmuthe Krause. Esta última pasó toda su juventud en el buen Weimar de los viejos tiempos y no le faltaron relaciones con el círculo de Goethe. Su hermano, el Krause catedrático de teología en Königsberg, fue llamado a Weimar como superintendente general al morir Herder. No es imposible que su madre, mi bisabuela, sea la que aparece en el diario del joven Goethe con el nombre de "Muthgen". Se casó por segunda vez con el superintendente Nietzsche, de Eilenburg; dio a luz el 10 de octubre de 1813, es decir, en el mismo día del año de la gran guerra en que Napoleón entró en Eilenburg con su Estado Mayor. Por ser sajona, era una gran admiradora de Napoleón; podría ocurrir que también yo continuase siéndolo. Mi padre, nacido en 1813, murió en 1849. Antes de hacerse cargo de la parroquia de Röcken, junto a de Lützen, vivió algunos años en el castillo de Altenburgo, siendo allí preceptor de las cuatro princesas. Sus alumnas son la reina de Hannover, la gran princesa Constantina, la gran duquesa de Oldenburg y la princesa Therese de Sajonia-Altenburgo. Estaba lleno de profunda devoción por el rey de Prusia Federico Guillermo IV, el cual le había otorgado también la parroquia; los acontecimientos de 1848 lo entristecieron sobremanera. Yo mismo, nacido el día del cumpleaños del citado rey, el 15 de octubre, recibí, como es obvio, los nombres *Federico* Guillermo, usados por los Hohenzollern. Una ventaja tenía en todo caso la elección de aquel día: durante toda mi niñez mi cumpleaños fue día festivo. Considero un gran privilegio el haber tenido tal padre: incluso me parece que ello explica todos los demás privilegios que poseo – *excepto* la vida, el gran sí a la vida. Sobre todo, el que para entrar inadvertidamente en un mundo de cosas altas y delicadas no me sea necesario proponérmelo, sino meramente aguardar: en ese mundo yo me siento como en mi casa, sólo en él se vuelve libre mi pasión más íntima. El que yo haya pagado este privilegio casi con la vida no es, desde luego, un mal negocio. – Para poder entender aunque sólo sea algo de mi *Zaratustra* acaso resulte necesario encontrarse en condiciones análogas a las mías – estar con un pie *más allá* de la vida...».

19. En una carta de Nietzsche a G. Brandes, de 10 de abril de 1888, en que le envía al final una *Vita,* dice: «Mis antepasados eran aristócratas po-

lacos (Niëtzky); parece que el tipo se ha conservado bien, a pesar de tres "madres" alemanas. En el extranjero se me tiene ordinariamente por polaco; todavía este invierno la lista de extranjeros de Niza me reseñaba *comme Polonais* [como polaco]». Véase también, más adelante, lo que dice Nietzsche en las pp. 63 y 76. A pesar de estas manifestaciones de Nietzsche, repetidas en otros lugares, no está nada clara ni su ascendencia polaca ni su ascendencia aristocrática.

20. La palabra *canaille* fue puesta en circulación por Voltaire para designar al pueblo, a la gente baja. Nietzsche la emplea con mucha frecuencia.
21. Variación, como es obvio, de la «armonía preestablecida» de Leibniz, según la cual Dios, al crear cada una de las mónadas, ha tenido en cuenta todas las demás y así ha preestablecido su perfecta armonía.
22. Véase *Así habló Zaratustra,* III, «El convaleciente», 2, ed. citada, pp. 351 y ss.
23. Se trata de Guillermo II (1859-1941), que acababa de subir al trono. Nietzsche no tenía ningún aprecio por él pero sí por su padre Federico III (1831-1888), que murió a los tres meses de ser coronado; véase lo que de éste dice más adelante, en p. 117.
24. Éstas son, como es sabido, las últimas palabras pronunciadas por Hamlet, en el momento de morir (acto quinto, escena segunda).
25. Véase *Crepúsculo de los ídolos,* ed. citada, p. 127.
26. Ya se entiende que se refiere a su madre y a su hermana: según Nietzsche, sólo ellas lo habrían «querido mal».
27. Heinrich von Stein (1857-1887). Escritor filosófico muerto prematuramente, en quien se habían puesto grandes esperanzas. Nietzsche creyó reconocer en él un camarada. El momento más importante de sus relaciones fue la visita de que aquí habla Nietzsche (del 26 al 28 de agosto de 1884). Parece que el objetivo de ella, frustrado, fue reconciliar a Nietzsche con Wagner. Poco después, a finales de noviembre de ese mismo año, Nietzsche le envió su famosa poesía *Aus hohen Bergen* (Desde altas montañas), con la cual concluye *Más allá del bien y del mal.* Von Stein no siguió aquella auténtica «llamada», lo que hirió profundamente a Nietzsche.
28. E. Dühring (1833-1921), filósofo alemán. Dedicado primero al Derecho, fue más tarde profesor en la Universidad de Berlín, pero en 1877 perdió la *venia legendi.* Nietzsche lo tenía por «anarquista», y no lo nombra más que para atacarlo. Con todo, había estudiado muy detenidamente algunas de sus principales obras.
29. «La tentación de Zaratustra» es el título que Nietzsche daba entonces a lo que hoy es la parte cuarta de *Así habló Zaratustra,* parte no publicada aún (excepto en una edición «privada» de cuarenta ejemplares, que Nietzsche pagó con su dinero) cuando escribía *Ecce homo.*
30. Véase *Así habló Zaratustra,* IV, «El grito de socorro», ed. citada, pp. 385-389.

31. Véase *La genealogía de la moral,* segundo tratado, «"Culpa", "mala conciencia" y similares», 23, ed. citada, pp. 135-137.
32. Véase *El Anticristo,* ed. citada, p. 58, donde cita esta misma frase.
33. Sobre este ataque a Strauss, en la primera *Intempestiva,* véase más adelante, pp. 93 y ss.
34. Nietzsche alude al libro de Strauss *Der alte und der neue Glaube. Ein Bekenntnis* (La vieja y la nueva fe. Una confesión), 1872.
35. Alusión a Parsifal, que es llamado por Wagner «el necio puro» *(der reine Tor)* creyendo que venía de las palabras árabes *Parsi* (puro) *Fal* (necio).
36. Reminiscencia del Antiguo Testamento, episodio del profeta Elías. Véase 1 Reyes, 17, 6: «Los cuervos le llevaban por la mañana pan, y carne por la tarde, y bebía agua del torrente».
37. Véase *Así habló Zaratustra,* ed. citada, pp. 173-174.
38. Sobre el remordimiento de conciencia, véase, muy importante, *La genealogía de la moral,* ed. citada, pp. 119-121. Ya en *El caminante y su sombra,* aforismo 38, había dicho Nietzsche: «Remordimiento de conciencia. – El remordimiento de conciencia es, lo mismo que el mordisco del perro a una piedra, una tontería».
39. Véase *Crepúsculo de los ídolos,* ed. citada, p. 34: «¡No cometamos una cobardía con nuestras acciones!, ¡no las dejemos en la estacada después de hechas! El remordimiento de conciencia es indecoroso».
40. Literalmente, *böser Blick:* mirada malvada.
41. *Grog:* bebida caliente, que se hace con agua, azúcar y ron u otro licor. Sobre Salustio véase *Crepúsculo de los ídolos,* ed. citada, p. 137.
42. Sobre la Escuela de Pforta, véase cuadro cronológico al final.
43. Reminiscencia bíblica, de Génesis, 1, 1: «El espíritu de Dios se cernía sobre la superficie de las aguas».
44. Véase *Crepúsculo de los ídolos,* ed. citada, p. 39: *«On ne peut penser et écrire qu'assis* [No se puede pensar ni escribir más que sentado] (G. Flaubert). – ¡Con esto te tengo, nihilista! La carne del trasero es cabalmente el *pecado* contra el espíritu santo. Sólo tienen valor los pensamientos *caminados».*
45. Obra que se encuentra en la biblioteca de Nietzsche. Publicada en París, 1887.
46. Los principales estudios filológicos de Nietzsche sobre Diógenes Laercio son los siguientes: *De Laertii Diogenes fontibus* [Sobre las fuentes de Diógenes Laercio], publicado en *Rheinisches Museum,* vol. 23 (1868), pp. 632-653, y vol. 24 (1869), páginas 181-228; *Analecta Laertiana* [Variedades sobre Laercio], publicado en *ibidem,* vol. 25 (1870), pp. 217-231, y *Beiträge zur Quellenkunde und Kritik des Laertius Diogenes* [Contribuciones al estudio de las fuentes y a la crítica de Diógenes Laercio], Basilea, 1870.
47. Aquí finalizan las pruebas de imprenta de este libro que el propio Nietzsche pudo revisar y aprobar para su edición, antes de perder la razón.

48. Juego de palabras con la conocida frase que Plutarco atribuye a Alceo: *Ex ungue [Napo] leonem pingere:* pintar, por una uña, al león.
49. Véase *Crepúsculo de los ídolos,* ed. citada, p. 76.
50. Nietzsche se refiere aquí a su *Manfred-Meditation* [Meditación sobre el Manfredo], para piano a cuatro manos, compuesta a principios de 1872.
51. El juicio de Von Bülow sobre esta composición, que Nietzsche le había enviado, fue muy severo. Se lo dio en una carta del 24 de julio de 1872.
52. Véase ed. citada, pp. 227 y ss.
53. Véase la carta de Nietzsche a P. Gast, de 26 de febrero de 1888, donde habla con amplitud de Baudelaire y Wagner.
54. Nietzsche conoció esta transcripción para piano en 1861, en Naumburgo.
55. Véase *Nietzsche contra Wagner,* donde se repite íntegro este apartado, bajo el título de «Intermezzo».
56. «Idilio de Sigfredo», compuesto por Wagner a finales de 1870 y tocado por vez primera el 25 de diciembre de ese año (cumpleaños de su esposa). A los ensayos y ejecución de esta primera audición asistió Nietzsche, invitado por Wagner.
57. Italianización de *Peter Gast* [Pedro el Huésped], nombre dado por Nietzsche a Heinrich Köselitz, compositor y ensayista, que en 1875 acudió a la Universidad de Basilea para escuchar las lecciones de Nietzsche. Desde ese momento se convirtió en uno de sus más fieles amigos y en su infatigable amanuense y corrector de pruebas. Parece, a pesar de lo que Nietzsche dice aquí, y en otros muchos lugares, que Peter Gast era un compositor muy malo... lo mismo que Nietzsche.
58. El primer trabajo filológico de Nietzsche llevaba el título de *Zur Geschichte der Theognideischen Spruchsammlung* [Sobre la historia de la colección de sentencias de Teognis], publicado en *Rheinisches Museum,* vol. 22 (1867), pp. 161-200.
59. F. Ritschl (1806-1876), catedrático de filología clásica en Bonn y luego en Leipzig. Maestro de Nietzsche, al que éste debió en lo esencial su nombramiento como catedrático en Basilea. Aunque entre ambos hubo un enfriamiento a consecuencia de la publicación de *El nacimiento de la tragedia,* bien se ve que Nietzsche guardaba de él un recuerdo lleno de gratitud y respeto.
60. Leopold von Ranke (1795-1886), historiador alemán, catedrático de la Universidad de Berlín. Su mejor obra es *Deutsche Geschichte im Zeitalter der Reformation* [Historia de Alemania en la época de la Reforma Protestante]. Había estudiado en Pforta, igual que Nietzsche.
61. En septiembre de 1888, pocas semanas antes, por lo tanto, de que Nietzsche escribiese estas palabras, Guillermo II había visitado en Roma a León XIII. A esta visita se refiere sin duda Nietzsche.
62. Todo el pasaje que va desde «El emperador alemán...» hasta aquí fue «censurado» en el manuscrito de Nietzsche y no fue incorporado al

texto de las dos ediciones «canónicas» de Raoul Richter (1908) y Otto Weiss (1911). Tampoco la conocida edición de Schlechta (1956) lo recoge.

63. Un fragmento inédito del verano de 1878 dice así: «A los siete años sentí la pérdida de la infancia. Pero a los veinte, cerca de Bonn en la desembocadura del Lippe, me sentí niño». También en *El caminante y su sombra* habla Nietzsche de la pérdida de la infancia.
64. Véase *Crepúsculo de los ídolos,* ed. citada, p. 35: «Los hombres póstumos –yo, por ejemplo– son peor comprendidos que los tempestivos, pero mejor *oídos*. Dicho con más rigor: no somos comprendidos jamás – y *de ahí* nuestra autoridad...» Véase también *El Anticristo,* prólogo, ed. citada, p. 33.
65. Véase antes nota 35.
66. En el prólogo a la segunda edición de su obra *Sobre la voluntad en la naturaleza,* Schopenhauer había escrito estas palabras: «... se ha comenzado a leerme y no se dejará de hacerlo. *Legor et legar* [soy leído y seré leído]...». En la tercera de sus *Consideraciones intempestivas,* titulada *Schopenhauer como educador,* Nietzsche había comentado ya del siguiente modo esa expresión de Schopenhauer: «Nos produce tristeza el verlo [a Schopenhauer] a la caza de cualesquiera huellas de su notoriedad; y su sonoro, demasiado sonoro grito de triunfo al final, por el hecho de que ahora se lo lea realmente *(legor et legar* [soy leído y seré leído]), encierra un matiz doloroso y conmovedor».
67. El artículo de Widmann fue publicado en el mencionado periódico de Berna el 16-17 de septiembre de 1886, con el título *Nietzsches gefährliches Buch* [El peligroso libro de Nietzsche]. Josef Viktor Widmann (1842-1911), escritor y periodista suizo, mantuvo correspondencia con Nietzsche en los años 1887-1888.
68. Este trabajo de K. Spitteler lleva el título de *Friedrich Nietzsche aus seinen Werken* [F. Nietzsche según sus obras] y se publicó el 1 de enero de 1888. Más tarde, el 8 de noviembre de ese mismo año, y también en el *Bund,* hizo Spitteler una elogiosa recensión de *El caso Wagner.* K. Spitteler (1845-1924) fue premio Nobel de Literatura en 1919. Escribió un libro, *Meine Beziehungen mit Nietzsche* [Mis relaciones con Nietzsche], Múnich, 1908, en el que explica cómo Nietzsche lo ayudó al principio en su carrera literaria, así como la conexión entre ambos.
69. Véase *Crepúsculo de los ídolos,* «Incursiones de un intempestivo», 37, ed. citada, p. 118.
70. Thomas Carlyle (1795-1881). Historiador de la literatura y filósofo escocés. Gran conocedor de la literatura alemana, su obra más difundida es, tal vez, *Sartus Resartus.* Dedicó varios libros a exponer su concepto del «héroe». Nietzsche habla de él casi siempre con desprecio.
71. Esa persona es Malwida von Meysenbug. Véase carta de Nietzsche a ella, de 20 de octubre de 1888; véase también carta de Nietzsche a

Meta von Salis, de 14 de noviembre de 1888. Malwida von Meysenbug (1816-1903) fue escritora célebre sobre todo por su *Memoiren einer Idealistin* [Memorias de una idealista], tres vol., 1876, que Nietzsche leyó y aprobó con entusiasmo. Conoció a Nietzsche a través de Wagner e hizo posible que el primero pasase en Sorrento el invierno de 1876-1877. Gracias a ella conoció Nietzsche a Lou von Salomé en Roma en la primavera de 1882. Siempre guardó afecto a Nietzsche, hasta la publicación de *El caso Wagner.*

72. En realidad el título de este periódico, órgano de los conservadores prusianos en tiempos de Bismarck, y publicado en Berlín desde 1848 hasta 1938, era el de *Neue preussische Zeitung.* Pero se lo llamaba *Kreuzzeitung* por la cruz de hierro que aparecía en su cabecera.
73. Sobre Alemania como «país plano» (llanura, país achatado) de Europa, véase también *Crepúsculo de los ídolos,* ed. citada, p. 86, y el prólogo de *Nietzsche contra Wagner.*
74. Nietzsche menciona esto mismo en una carta a su madre, de 21 de diciembre de 1883. En esta carta habla de sus lectores en todo el mundo en términos parecidos a los del comienzo de este apartado.
75. Las palabras de Taine se encuentran en la carta que dirigió a Nietzsche el 14 de diciembre de 1888 excusándose de no traducir él mismo al francés el *Crepúsculo de los ídolos,* porque «je ne sais pas bien la langue pour sentir du premier coup toutes vos audaces et finesses...» [no conozco bien la lengua (alemana) para captar a la primera todas las audacias y sutilezas de usted]. Nietzsche había enviado el 8 de diciembre el *Crepúsculo de los ídolos* a Taine y le rogaba en una carta que le encontrase un traductor francés. Taine le propuso a Jean Bourdeau.
76. Frase muy conocida en Alemania y que se atribuye a Lutero, quien la habría dicho el 18 de abril de 1521 en la Dieta de Worms. Con ella parece haber acabado su respuesta a la pregunta de si quería retractarse. Nietzsche la emplea en otros varios pasajes; por ejemplo en *La gaya ciencia,* § 146, y en *La genealogía de la moral,* ed. citada, p. 210 y nota 113.
77. La expresión *antiasno* está aquí relacionada con la de *Anticristo,* pues, como es sabido, en la antigua Roma los paganos representaban, por burla, a Cristo en forma de asno.
78. Nietzsche cita aquí, y también más tarde, sin nombrar a su autor, determinadas expresiones de una carta que Peter Gast: le había escrito el 25 de octubre de 1888 sobre *Crepúsculo de los ídolos.* He aquí las expresiones más significativas de esa carta de P. Gast: «He leído con embriaguez sus pensamientos. Es, en verdad, como si en usted se hubiera desarrollado una segunda consciencia, como si hasta ahora todo hubiese sido impulso oscuro, como si sólo en el espíritu de usted hubiese encendido la "voluntad" su luz para negar la pendiente por la cual desciende... ¡Qué iluminaciones, qué éxtasis del aprender debo

yo a su espíritu, que gobierna el mundo!... Por vez primera hay de nuevo, merced a usted, esperanzas, tareas, caminos que trazar a la cultura».

79. Véase *Así habló Zaratustra,* ed. citada, p. 261.
80. Véase antes nota 35.
81. En alemán hay aquí un juego de palabras por la gran semejanza fonética entre *Hohltopf* [cazuela hueca, mentecato] y *Kohlkopf* [cabeza de repollo, berzotas].
82. Véase *El caso Wagner,* 2.
83. Véase Así *habló Zaratustra,* ed. citada, p. 127.
84. Véase la *Ley contra el cristianismo,* que consta de siete «artículos», y fue «dada en el día de la salvación, en el día primero del año uno (el 30 de septiembre de 1888 de la falsa cronología)». Es la última página de *El Anticristo* (ed. citada, pp. 141-142).
85. Ed. citada, pp. 267-268.
86. Véase *El nacimiento de la tragedia,* ed. citada, p. 200.
87. Nietzsche cita por las páginas de la primera edición; véase edición citada, pp. 143-144.
88. Véase *Richard Wagner en Bayreuth,* 7.
89. Véase *ibidem,* 1.
90. Véase *ibidem,* 4.
91. Véase *ibidem,* 4.
92. Véase *ibidem,* 9.
93. Véase *ibidem,* 6.
94. Los títulos de las cuatro *Intempestivas* son: I. *David Strauss, el confesor y el escritor.* II. *Sobre la utilidad y la desventaja de la ciencia histórica para la vida.* III. *Schopenhauer como educador,* y IV. *Richard Wagner en Bayreuth.*
95. Véase antes la nota 34.
96. Nietzsche juega aquí con el sentido alemán de la palabra *Strauss* = avestruz, apellido del autor al que ataca.
97. El artículo contra Nietzsche se publicó el 19 de octubre de 1873, con el título de *Herr Friedrich Nietzsche und die deutsche Kultur* [El Señor Friedrich Nietzsche y la cultura alemana] y la firma F. B.
98. G. H. Ewald (1803-1875), orientalista alemán, catedrático de lenguas orientales en la Universidad de Gotinga, autor de numerosas obras. Fue expulsado de su cátedra por motivos políticos en 1837, reintegrado en 1848, y vuelto a expulsar en 1867.
99. Bruno Bauer (1809-1882), el conocido autor que formó en la «izquierda» hegeliana, autor de importantes trabajos de crítica religiosa. Profesor de teología en Berlín y Bonn, se le retiró la *venia legendi* en 1842, a los treinta y tres años, por sus opiniones religiosas. Los últimos cuarenta años de su vida los pasó dedicado a componer sus obras.

100. Heinrich Gotthard von Treitschke (1834-1896), historiador y político alemán, profesor de la Universidad de Berlín, fue nombrado historiador del reino y se le dio un puesto en el Parlamento. Su obra más conocida es *Historia de Alemania en el siglo* XIX. En el aforismo 251 de *Más allá del bien y del mal* (ed. citada, p. 218) dice Nietzsche: «Contémplese a esos pobres historiadores, a esos Sybel y Treitschke y sus cabezas reciamente vendadas».
101. El escrito de Franz Hoffmann sobre la primera *Intempestiva* de Nietzsche está publicado en sus *Philosophische Schriften* [Escritos filosóficos], vol. 5, Erlangen, pp. 410-447. Hoffmann (1804-1881) escribió sobre todo estudios acerca de Baader.
102. Los trabajos de Hillebrand sobre Nietzsche se encuentran en *Zeiten, Völker und Menschen* [Épocas, pueblos y hombres], Berlín, 1875-1882. Karl Hillebrand (1829-1884), historiador y publicista, antiguo secretario de Heine en París, retirado luego a Florencia. Una de las personas más estimadas por Nietzsche. Sin embargo, Hillebrand se mantuvo siempre un poco a distancia de él.
103. Prosper Mérimée atribuye este consejo a Stendhal en el prólogo que puso a las cartas de éste, *Correspondance inédite,* París, 1885, libro que se halla en la biblioteca de Nietzsche.
104. Véase *Schopenhauer como educador,* 7.
105. Véase *ibidem,* 8.
106. Nietzsche procuró que su obra saliese al público en mayo de 1878. La primera edición llevaba en la portada estas palabras: «Dedicado a la memoria de Voltaire, en ocasión de la celebración del aniversario de su muerte, el 30 de mayo de 1878». Y en la contraportada, esta advertencia: «Este libro monológico, nacido en Sorrento durante una estancia invernal (1876 a 1877), no habría sido entregado ahora a la publicidad si la cercanía del 30 de mayo de 1878 no hubiese excitado con demasiada viveza el deseo de ofrecer un homenaje personal, a su debido tiempo, a uno de los máximos liberadores del espíritu».
107. Véase el cuadro cronológico.
108. Véase el cuadro cronológico.
109. Se refiere al musicólogo Karl Franz Breudel (1811-1868), gran partidario de Wagner y de Listz.
110. Nietzsche parodia aquí el conocido verso de Shakespeare (en *Ricardo III,* acto quinto, escena cuarta): *A horse! A horse! My kingdom for a horse!* [¡Un caballo! ¡Un caballo! ¡Mi reino por un caballo!].
111. Juego de palabras en alemán. *Nohl* y *Pohl* eran los apellidos de dos conocidos wagnerianos. *Kohl,* de sonido muy similar, significa «berza».
112. *Mit Grazie in infinitum* es el verso final de la poesía de Goethe *Frühlingsorakel* [Oráculo de primavera]. Se refiere al pájaro cuco y termina así:

Cou coucou Cou Coucou:/:
Cou, Cou, Cou, Cou, Cou, Cou, Cou, Cou, Cou.
. *Mit Grazie in infinitum*

(Esto es, en la parodia de Nietzsche:

Nohl, Pohl, Kohl, Nohl, Pohl, Kohl,...
y así por toda la eternidad.)

113. La «encantandora parisiense» era la señora Louise Ott, que Nietzsche acababa de conocer en Bayreuth. Parece que se enamoró de ella, e incluso se corrió la voz de que, creyéndola soltera, quiso pedir su mano. Había un error, pues la señora estaba casada y era madre de familia. Aun roto el equívoco, Nietzsche le escribió en los meses siguientes, desde Basilea y desde Sorrento, varias cartas de púdico enamoramiento.
114. Nietzsche alude sin duda a los cursos que tuvo que dar en la Universidad de Basilea; así, por ejemplo, en el semestre de invierno 1870/1871, un curso sobre *Métrica;* en el semestre de verano de 1871, otro sobre *Introducción a la epigrafía latina;* en el semestre de invierno 1872/1873 habló de *Retórica griega y latina;* cursos parecidos dio en los años siguientes.
115. Juego de palabras en alemán entre *Beruf* [profesión] y *Ruf* [vocación, llamamiento].
116. Véase la nota 57.
117. El cruce de los dos envíos no fue tan coincidente. Wagner envió su *Parsifal* a Nietzsche en enero. Nietzsche su *Humano, demasiado humano,* en mayo. En agosto Wagner publicó un violento ataque contra Nietzsche en los *Bayreuther Blätter,* con el título «Público y popularidad».
118. Paul Rée (1849-1901) mantuvo amistad con Nietzsche e incluso convivió con él el invierno de Sorrento. La coincidencia de ambos en puntos de vista fundamentales sirvió para fortalecer a Nietzsche en el desarrollo de sus nuevas ideas. Nietzsche rompió con él más tarde, a consecuencia de la ruptura con Lou von Salomé en 1883.
119. Esta frase de Rée se encuentra en la p. VIII de su citado libro, publicado en 1877. Su autor se lo dedicó a Nietzsche en estos términos: «Al padre de esta obra, muy agradecida, su madre». En la biblioteca de Nietzsche se conserva aún este ejemplar.
120. Nietzsche alude sin duda a Schopenhauer, que titula el cap. XVII del libro 1 de *El mundo como voluntad y como representación:* «De la necesidad metafísica en el hombre».
121. Véase *Humano, demasiado humano,* I, 37. La cita abarca, como ya se indica, desde «¿cuál es, pues..?» hasta aquí.

122. La frase citada, que es un verso del *Rigveda,* había sido escrita por Peter Gast en la primera página de la copia en limpio hecha por él para Nietzsche. Esto movió a Nietzsche a cambiar el título primitivo del libro, *La reja del arado,* por el de *Una aurora,* en primer lugar, y luego por el definitivo de *Aurora.*
123. Estos versos son el lema del libro cuarto de *La gaya ciencia,* libro titulado «Sanctus Januarius» (San Enero). Al final de los versos está escrito: *Génova, enero de 1882.*
124. Véase *La gaya ciencia,* aforismo 342, titulado «Incipit tragoedia» [Comienza la tragedia].
125. *La gaya ciencia,* aforismos 268-275.
126. En abril de 1882.
127. Compuesta por Nietzsche en otoño de 1884.
128. El texto completo de esta hoja famosa es el siguiente:

El retorno de lo idéntico

Esbozo

1. La asimilación de los errores fundamentales.
2. La asimilación de las pasiones.
3. La asimilación del saber, incluso del saber que renuncia. (Pasión del conocimiento.)
4. El inocente. El individuo como experimento. El aligeramiento, el rebajamiento, la debilitación de la vida – transición.
5. El nuevo *centro de gravedad: el eterno retorno de lo idéntico.* Importancia infinita de nuestro saber, de nuestro errar, de nuestros hábitos y modos de vivir, para todo lo venidero. ¿Qué hacemos con *el resto* de nuestra vida – nosotros los que hemos pasado la mayor parte de ella en la más esencial ignorancia? *Nos dedicamos a enseñar esta doctrina,* – es el medio más eficaz para asimilarla nosotros mismos. Nuestra especie de felicidad como maestros de la más grande doctrina.

Primeros de agosto de 1881 en Sils-Maria, a 6.000 pies sobre el nivel del mar y mucho más alto todavía sobre todas las cosas humanas.

129. Nietzsche residió en Recoaro del 1 de mayo al 20 de junio de 1881. Esta localidad termal había sido muy frecuentada por músicos italianos (Rossini, Bellini, Donizetti, etc.).
130. Véase *La gaya ciencia,* aforismo 342, titulado «Incipit tragœdia» [Comienza la tragedia].
131. Véase *ibidem,* aforismo 341, titulado «El peso más grande».
132. Sobre este himno escribió Nietzsche el 12 de noviembre de 1887 a Overbeck: «Este himno debe servir para ser cantado "en memoria

mía": digamos de hoy en cien años, cuando se haya comprendido quién he sido yo». El texto, como ya indica Nietzsche, es un poema de Lou von Salomé, que dice, en su integridad, así:

Al dolor

(oración a la vida)

¡Sin duda un amigo ama a su amigo
como yo te amo a ti, vida llena de enigmas!
Lo mismo si me has hecho gritar de gozo que llorar,
lo mismo si me has dado sufrimiento que placer,
yo te amo con tu felicidad y tu aflicción:
y si es necesario que me aniquiles,
me arrancaré de tus brazos con dolor,
como se arranca el amigo del pecho de su amigo.

Con todas mis fuerzas te abrazo:
¡deja que tu llama encienda mi espíritu
y que, en el ardor de la lucha,
encuentre yo la solución al enigma de tu ser!
¡Pensar y vivir durante milenios,
arroja *plenamente* tu contenido!
Si ya no te queda ninguna felicidad que darme,
¡bien! ¡Aún tienes – tu sufrimiento!

Al poner música a este texto Nietzsche modificó ligeramente algunas palabras. Sin embargo, ni Lou von Salomé compuso este poema para Nietzsche, pues lo tenía escrito ya antes de conocerlo, ni tampoco la música que Nietzsche le puso fue compuesta para el poema, pues la había escrito ocho años antes, en 1874, en forma de *Himno a la amistad,* para la boda de su amigo Gustav Krug. Parece ingenuo hoy el intento tanto de Nietzsche como de su amigo el musicante Peter Gast de dar «popularidad» a la filosofía nietzscheana haciendo que la gente cantase este himno. Nietzsche pidió a Gast que se lo orquestase. Gast hizo primero una orquestación para instrumentos de viento, juzgada muy desfavorablemente por los entendidos, y luego otra para orquesta normal. Con su himno en la mano, Nietzsche se dirigió a las autoridades musicales más conocidas en la época, incluido Brahms, para moverlas a promocionar su ejecución. Las respuestas, cuando las hubo, fueron muy negativas. Von Bülow, que ya había juzgado severamente su *Meditación sobre el Manfredo,* le hizo saber a través de su mujer que no tenía tiempo para mirar la composición.

En todo caso, el *Himno a la vida* de Nietzsche se interpretó en Berlín en octubre de 1936, siendo trasmitido a través de la radio.

133. La fonda se llamaba Albergo la Posta.
134. «*El inolvidable* emperador *alemán* Federico III.» Peter Gast tachó por su cuenta, en el manuscrito de Nietzsche, las palabras «inolvidable» y «alemán». En ninguna de las ediciones de esta obra, ni siquiera en la de Schlechta (1956), habían sido reintegradas al texto. Aunque el asunto no tiene mayor importancia, es una prueba más de la «censura» de Peter Gast a que se ha aludido en la *Introducción*. El tachar esas palabras tenía motivos «políticos». Cuando Nietzsche las escribía, a finales de 1888, Guillermo II llevaba reinando unos seis meses. Federico III había reinado tan sólo desde el 9 de marzo hasta el 15 de junio de ese mismo año. Llamarlo «inolvidable» le parecía a Peter Gast que tal vez molestaría a su hijo. Recuérdese que Federico III tenía fama de liberal y se había opuesto siempre a Bismarck.
135. Véase *La gaya ciencia,* aforismo 382, titulado «La gran salud».
136. Véase *R. Wagner en Bayreuth,* 7, donde Nietzsche se expresa de manera similar.
137. Véase *Así habló Zaratustra,* ed. citada, pp. 303-304.
138. Esta estancia duró del 4 de mayo al 16 de junio de 1883.
139. Aunque hoy *Así habló Zaratustra* tiene cuatro partes, no se olvide que, cuando Nietzsche escribía esto, sólo habían sido «publicadas» tres.
140. Nietzsche cita aquí, sin nombrar a su autor, una expresión de una carta de P. Gast. Véase antes nota 78.
141. Reminiscencia bíblica de Evangelio de Juan, 1, 27.
142. Véase *Así habló Zaratustra,* ed. citada, p. 339.
143. Véase *Así habló Zaratustra,* ed. citada, p. 340.
144. Véase *Así habló Zaratustra,* III, «El convaleciente», ed. citada, pp. 350-351.
145. Véase *Así habló Zaratustra,* ed. citada, p. 274.
146. Véase *Así habló Zaratustra,* ed. citada, p. 275.
147. *Así habló Zaratustra,* ed. citada, pp. 185-187.
148. *Así habló Zaratustra,* ed. citada, pp. 237-238.
149. *Así habló Zaratustra,* ed. citada, p. 156.
150. *Así habló Zaratustra,* III, «De tablas viejas y nuevas», ed. citada, p. 348.
151. Véase *Más allá del bien y del mal,* ed. citada, p. 111.
152. Última frase de *La genealogía de la moral,* que ya había aparecido al final del párrafo 1 del tercer tratado de esta obra, titulado «¿Qué significan los ideales ascéticos?», ed. citada, pp. 144-233.
153. Una vez más, cita aquí Nietzsche, sin nombrar al autor, una expresión de la carta de P. Gast; véase antes nota 78.
154. También el «impulso oscuro» aparece citado por P. Gast en dicha carta. Es una reminiscencia del *Fausto* (versos 328-329): «Ein guter

Mensch, in seinem dunklen Drange, ist sich des rechten Weges wohl bewusst» [Un hombre bueno, en su impulso oscuro, tiene sin duda conciencia del camino recto].

155. Véase una vez más la mencionada carta, nota 78.
156. La casa en que Nietzsche se hospedaba pertenecía a Davide Fino, vendedor de periódicos. La hija de éste había puesto su piano a disposición de Nietzsche, quien improvisaba en él durante largas horas. En esta casa fue donde lo recogió Overbeck el día 8 de enero de 1889, cuando ya había perdido la razón. Los libros y manuscritos dejados allí por Nietzsche fueron enviados posteriormente por Davide Fino a Overbeck.
157. Hasta ahora el texto que ha figurado en todas las ediciones era: «El 30 de septiembre, gran victoria, séptimo día; ociosidad de un dios a las orillas del Po». También esta corrección figuraba en el folio recientemente descubierto (véase la *Introducción);* y, como se ve, el texto querido por Nietzsche afirma taxativamente *«conclusión* de la *Transvaloración».* Véase nota 14.
158. Como habrá advertido el lector, Nietzsche habla aquí de dos prólogos al *Crepúsculo de los ídolos;* uno de 3 de septiembre, y otro escrito el 30 de ese mismo mes. Ambas cosas son ciertas, pero el prólogo colocado definitivamente al frente del libro es el de la última fecha. El texto del primer prólogo lo utilizó Nietzsche en parte para escribir el capítulo de este mismo libro, titulado «Lo que los alemanes están perdiendo», ed. citada, pp. 83 y ss.
159. En una carta del 14 de noviembre de 1888 a Meta von Salis dice Nietzsche: «El otoño ha sido aquí [en Turín] un Claude Lorrain permanente».
160. *El caso Wagner* lleva como lema esta conocida frase de Horacio, *Sátiras* 1, 1, 24, que aquí Nietzsche varía un poco. La frase original de Horacio es «Quamquam ridentem dicere verum quid vetat?» [Aunque, ¿qué impide que alguien diga riendo la verdad?]
161. Véase El *caso Wagner,* 5, en donde Nietzsche usa, aplicándola a Wagner, la expresión «el Cagliostro de la modernidad». También en *La gaya ciencia,* 89, se usa esta comparación.
162. «El evangelio de los humildes» es una expresión de E. Renan, citada varias veces por Nietzsche.
163. «El trompetero de Säckingen» *[Der Trompeter von Säckingen],* obra de J. V. von Scheffel (1826-1886), fue muy conocida en su tiempo. A ella alude Nietzsche más de una vez. Sin embargo, Nietzsche alude aquí propiamente a la ópera cómica de ese mismo título, compuesta por Víctor Nessler (1841-1890), que obtuvo un éxito resonante al estrenarse en 1884.
164. Conocidas palabras iniciales del antiguo himno oficial alemán. Fue compuesta la letra en 1822 por Heinrich Hoffmann von Fallersleben

(1798-1874), profesor de la Universidad de Breslau (y, por cierto, destituido de su cátedra por el rey cuando publicó en 1842 sus *Canciones apolíticas).*

165. Véase la nota 100.
166. Friedrich Theodor Vischer (1807-1887). Esteta alemán, profesor en la Universidad de Tubinga y en los Politécnicos de Zúrich y Stuttgart. Seguidor de Hegel, su obra más conocida es *Estética o ciencia de lo bello.*
167. Evidente alusión a Horacio, *Epístola a los Pisones,* 138: «Parturiunt montes, nascetur minusculus mus» [parirán los montes, mas sólo nacerá un ridículo ratón].
168. Juego de palabras en alemán sobre el significado de *Schleiermacher* [fabricante de velos].
169. Véase *Crepúsculo de los ídolos,* ed. citada, p. 38. «Se considera profunda a la mujer –¿por qué?, porque en ella jamás se llega al fondo. La mujer no es ni siquiera superficial».
170. Nietzsche alude al problema del comercio de esclavos, tema muy debatido en noviembre de 1888. Véase el cuadro cronológico del final.
171. Véase *Schopenhauer como educador,* 6.
172. Ya se entiende que los «salvadores del Capitolio» son los «gansos».
173. Georg Brandes (1842-1927). Historiador de la literatura danesa. Nietzsche lo conoció a través de Peter Gast y le envió *Humano, demasiado humano, Más allá del bien y del mal* y *La genealogía de la moral.* Brandes le escribió su primera carta el 26 de noviembre de 1877. Sus conferencias sobre Nietzsche tuvieron este título: *Sobre el filósofo alemán Friedrich Nietzsche.* Fue el primero que se ocupó de manera sistemática del pensamiento de éste.
174. Alude a su antigua amiga Malwida von Meysenbug, que había roto con él a causa de la publicación de *El caso Wagner.* Véase la nota 71.
175. El pasaje que va desde «Para que no falten...» hasta aquí, aunque se encuentra en el manuscrito de Nietzsche, no ha sido reproducido en el texto de ninguna de las ediciones de esta obra, ni siquiera en la de Schlechta (1956). Es posible que lo «censurase» Gast, por considerarlo «injusto» o «exagerado».
176. Frase de la varias veces citada carta de Peter Gast a Nietzsche; véase antes nota 78.
177. Véase *Así habló Zaratustra,* ed. citada, p. 201.
178. Véase *Así habló Zaratustra,* ed. citada, p. 116.
179. Véase *Así habló Zaratustra,* ed. citada, p. 347.
180. Véase *Así habló Zaratustra,* ed. citada, p. 346.
181. Véase *Así habló Zaratustra,* ed. citada, p. 246.
182. Véase *Así habló Zaratustra,* ed. citada, p. 245.

183. Véase *Más allá del bien y del mal,* ed. citada, pp. 76-77.
184. La expresión *folie circulaire* la toma Nietzsche del libro de Ch. Féré, *Dégenérescence et criminalité,* París, 1888, que leyó durante la primavera de 1888.
185. Conocidas palabras con que Voltaire solía acabar muchas de sus cartas; se refieren a la superstición y a la, según Voltaire, sostenedora de ella: la Iglesia católica.

Cuadro cronológico

	Vida y obra de Nietzsche	Literatura/arte/cultura	Historia
1844	15 de octubre. Nace Friedrich Wilhelm Nietzsche en la pequeña ciudad de Röcken, junto a Lützen, en la región de Turingia. Perteneciente antiguamente al reino de Sajonia, fue anexionada en 1815 a Prusia. Es el primogénito del pastor protestante del lugar, Karl Ludwig Nietzsche (1813-1849). Tanto su abuelo paterno como el materno fueron también párrocos.	–Kierkegaard: *El concepto de angustia.* Nace Anatole France. Muere John Dalton. Se publica el primero y el único volumen de los *Anales Franco-Alemanes,* de K. Marx, en colaboración con A. Ruge. Zorrilla: *Don Juan Tenorio.*	–Rebelión de los obreros textiles en Silesia. Primer sindicato obrero en Alemania. Guerra franco-marroquí. Cortes Constituyentes en España.
1845		–Muere Augusto F. Schlegel. Max Stirner: *El único y su propiedad.* Wagner acaba *Tannhäuser.* Nacen el matemático G. Cantor y el físico W. Röntgen. Nace Luis II de Baviera. Engels: *La condición de las clases trabajadoras en Inglaterra.*	–Guerra de Estados Unidos contra México. Gran hambre en Irlanda.
1846	Nace su hermana Elisabeth, de gran importancia en la vida y el destino literario de Nietzsche (entre otras cosas, por las falsificaciones de cartas y papeles de éste).	–Eichendorf traduce al alemán autos sacramentales de Calderón. Proudhon: *Filosofía de la miseria.* Ley psicofisiológica de Weber.	–Revolución en Portugal. Isabel II se casa con Francisco de Asís.
1847		–Heine: *Atta Troll* (sátira política). Muere el músico Mendelssohn-Bartholdy. Muere John Franklin.	–Crisis de hambre y cólera en Europa. Se descubren yacimientos de oro en California. Nace Hinden-

1848		–Nace Paul Gauguin. Wagner acaba *Lohengrin*. Redacción del *Manifiesto del Partido Comunista*.	–Revoluciones en Sicilia, Francia, Venecia, Viena, Berlín, etc. Se proclama la República en Francia. Se inicia la reacción autoritaria.
1849	Muerte del padre, el 30 de junio.	–Dickens: *David Copperfield*. Dostoyevski es condenado a muerte, indultado y desterrado a Siberia. Wagner: *El arte y la revolución* (filosofía del arte). Muere Chopin. Wagner tiene que huir de Alemania.	–Se reúne en París el Congreso para la Paz Universal. En España, Gabinete Narváez. Alianza austro-rusa contra los húngaros, y capitulación de éstos. Francia restablece la autoridad papal en Roma.
1850	La familia se traslada a Naumburgo. Nietzsche hace sus estudios primarios y secundarios en diversos centros de esta ciudad.	–Schopenhauer: *Parerga y Paralipomena*. Wagner estrena *Lohengrin* en Weimar, y publica *La obra artística del futuro* (teoría de la «obra artística total»).	–Abolición del sufragio universal en Francia. Pío IX vuelve a Roma.
1851		–Heine: *Romanzero*. H. Melville: *Moby Dick*. Verdi estrena *Rigoletto*. Wagner escribe *Ópera y drama*.	–Hambre en Rusia. Luis Napoleón, dictador en Francia, tras un golpe de Estado.
1852		–Nace N. Gógol. K. Fischer: *Historia de la filosofía moderna*.	–Napoleón III, emperador de los franceses. Fin de la dictadura de Rosas en Argentina. Se funda la «Fracción Católica» en el Parlamento prusiano.

	Vida y obra de Nietzsche	Literatura/arte/cultura	Historia
1853		–Wagner escribe el texto de *El anillo del Nibelungo.* Nace V. Van Gogh. Verdi estrena *La Traviata.*	–Guerra de Crimea entre Rusia y Turquía. Se prohíbe en Prusia el trabajo a los menores de doce años. Escándalo en España por la concesión de los ferrocarriles a José de Salamanca.
1854		–Mommsen: *Historia de Roma.* Muere el filósofo Schelling. Nace H. Poincaré. Marx publica en un periódico de Nueva York artículos sobre la revolución española.	–Intervención armada de Inglaterra y Francia en la guerra de Crimea. Se funda en Estados Unidos el Partido Republicano.
1855		–Muere Kierkegaard. Gobineau: *Ensayo sobre la desigualdad de las razas humanas.* Exposición Internacional de París.	–Muere Nicolás I de Rusia. Alejandro II, zar de Rusia. Conquista de Sebastopol por tropas inglesas y francesas.
1856	Comienzan sus dolores de cabeza y de ojos. Recibe vacaciones especiales por este motivo. De ahora en adelante Nietzsche padecerá siempre de estas dos molestias.	–Muere Heine. Nacen G. B. Shaw y O. Wilde. Nace S. Freud. Nace el matemático ruso Lobatchevski. Se encuentra el primer cráneo de Neandertal. Muere Schumann.	–Paz de París. Fin de la guerra de Crimea. Nace Wilson, futuro presidente de Estados Unidos.
1857		–Baudelaire: *Las flores del mal.* Muere A. Comte. Pasteur publica sus primeros trabajos bacteriológicos.	–Crisis financiera en Inglaterra. Se crean comités de nobles rusos para la abolición de los siervos. El rey Federico Guillermo IV de Prusia cede el gobierno en favor de su hermano Guillermo I.

18[illegible]		–Nace el físico alemán Max Planck. Kirchow funda la patología celular. Nace Puccini.	–Se organiza la compañía para construir el Canal de Suez. En Rusia son liberados los siervos del dominio imperial. Guerra Civil en México. Juárez, presidente. Abdicación de Federico Guillermo IV de Prusia. Su hermano Guillermo es nombrado regente.
1859	Ingresa en la famosa escuela de Pforta. Recibe aquí una magnífica formación humanística. Aumenta su gran afición por la música. Él mismo compone. Tiene frecuentes dolores de cabeza.	–Nacen H. Bergson y E. Husserl. Definitiva abolición de la Inquisición en Italia. Wagner acaba *Tristán e Isolda.* Darwin: *El origen de las especies por selección natural.* Marx: *Crítica de la economía política.*	–Comienzan los trabajos del Canal de Suez. Guerra entre Austria y Piamonte. Batalla de Solferino. Ley de nacionalizacion de bienes eclesiásticos en México. Muere Metternich.
1860		–J. Burckhardt: *La cultura del Renacimiento en Italia.* Muere A. Schopenhauer. Primer Congreso Internacional de Químicos en Karlsruhe. Nacen Hugo Wolf y Mahler.	–Lincoln, presidente de Estados Unidos. Comienza la guerra de Secesión. Víctor Manuel invade los Estados Pontificios. Nace el político francés Poincaré.
1861		–Dostoyevski: *Apuntes de la Casa Muerta.* Nace A. N. Whitehead. La ópera *Tannhäuser* fracasa estrepitosamente en París. Bachofen: *El matriarcado.*	–Sigue la guerra de Secesión. Guillermo I, rey de Prusia. Víctor Manuel II, rey de Italia. Juárez entra en México. Se decide la intervención tripartita contra México.
1862		–Víctor Hugo: *Los miserables.* Spencer: *Sistema de filosofía sintética.* Nace el matemático D. Hilbert. Nace Ch. Debussy.	–Bismarck, canciller de Prusia. Intervención francesa en México.

	Vida y obra de Nietzsche	Literatura/arte/cultura	Historia
1863		–E. Renan: *Vida de Jesús*. G. Doré realiza sus ilustraciones para *Don Quijote*.	–Abolición de la esclavitud en los Estados Unidos. División de Polonia.
1864	Acaba sus estudios medios en Pforta y sale de allí el día 7 de septiembre. En octubre va a estudiar teología y filología clásica a la Universidad de Bonn. Pertenece a la asociación estudiantil *Franconia*.	–Lassalle: *Capital y trabajo*. Nace Toulouse-Lautrec. Luis II de Baviera comienza su apoyo a Wagner. *Syllabus* de Pío IX.	–Maximiliano, emperador de México. Fundación de la Cruz Roja Internacional. Guerra de Prusia y Austria contra Dinamarca.
1865	Discusión con la madre por su resolución de no continuar el estudio de la teología, es decir, su preparación para párroco. En febrero de este año se sitúa su discutida infección sifilítica. En octubre, siguiendo a Ritschl, se traslada a Leipzig para estudiar filología clásica. Descubre la filosofía de Schopenhauer. Funda la «Asociación Filológica».	–L. Carroll: *Alicia en el país de las maravillas*. G. Doré realiza sus ilustraciones para la Biblia. Mendel: *Ensayos sobre hibridaciones en plantas*. Se estrena en Múnich *Tristán e Isolda*.	–Acaba la guerra de Secesión americana. Asesinato de Lincoln.
1866	Da su primera conferencia en la citada asociacion. Comienza su amistad con Erwin Rohde.	–T. A. Lange: *Historia del materialismo y crítica de su significado en nuestro tiempo*. Haeckel: Ley fundamental biogenética. Dostoyevski: *Crimen y castigo*.	–Guerra entre Prusia y Austria. Victoria prusiana. Conflicto de España en Chile.
1867	El 9 de octubre comienza su servicio militar en un regimiento de ca-	–Muere Baudelaire. K. Marx: *El capital* (libro primero: el proceso de	–Fusilamiento del emperador Maximiliano de México por Juárez. Se

1868	En marzo sufre una caída del caballo. También a ella se atribuye influjo en sus dolencias posteriores. El 15 de octubre, fin del servicio militar. El 8 de noviembre conoce personalmente a Richard Wagner, a cuya música se «convierte» totalmente.	–Dostoyevski: *El idiota.* Brahms: *Requiem alemán.* Wagner estrena en Múnich *Los maestros cantores de Nuremberg.*	–Comienza la insurrección en Cuba. Revolución en España. Dictadura de Prim. Muere Luis I, rey de Baviera. Se concede el derecho de voto a los negros en Estados Unidos.
1869	El 13 de febrero la Universidad de Basilea le nombra catedrático extraordinario de filología clásica. Caso asombroso, pues Nietzsche no era siquiera doctor. Se debió sobre todo a la influencia de su maestro Ritschl. El 23 de marzo la Universidad de Leipzig le otorga el diploma de doctor, sin examen ni tesis, en base a los trabajos publicados por Nietzsche en la revista *Rheinisches Museum,* de Ritschl. El 13 de abril abandona la ciudadanía alemana (prusiana). El 17 de mayo, primera visita a Wagner en Tribschen. El 28 de mayo, discurso inaugural de su cátedra: *Homero y la filología clásica.* Conoce a J. Burckhardt.	–Tolstói: *Guerra y paz.* Verlaine: *Fiestas galantes.* H. Taine: *Filosofía del arte.* Manet pinta *Fusilamiento del emperador Maximiliano.* Se estrena *El oro del Rin,* en Múnich, contra la voluntad de Wagner.	–Exilio de Isabel II. Inauguración del Canal de Suez. Primer Concilio Vaticano. Se funda el partido social-demócrata en Alemania. Nace Gandhi.

	Vida y obra de Nietzsche	Literatura/arte/cultura	Historia
1870	Continúa sus clases, conferencias y estudios filológicos. En abril es nombrado catedrático ordinario. El 8 de agosto pide permiso a la Universidad para participar en la guerra franco-prusiana. Se le concede, y actúa como enfermero. Enferma él mismo gravemente de disentería y faringitis diptérica. En octubre, vuelta a Basilea. Comienza su amistad, tan importante, con el teólogo Franz Overbeck.	–Se estrena *La Walquiria* en Múnich, asimismo contra la voluntad de Wagner. Excavaciones de Schliemann en Troya. Muere Bécquer.	–Guerra entre Prusia y Francia. Sitio de París. Unidad italiana bajo Víctor Manuel. Se proclama el dogma de la infalibilidad papal. Muere Prim en un atentado, y llega a España Amadeo de Saboya. Nace Lenin.
1871	Trabaja en *El nacimiento de la tragedia.*	–Zola: *Rougon-Macquart.* Emerson: *Ensayos.* Se estrena *Aida,* de Verdi. Ch. Darwin: *El origen del hombre.*	–Caída de París. Guillermo I coronado emperador de Alemania en Versalles. Roma es declarada capital de Italia. Nace Rasputín.
1872	A principios de año, publicación de *El nacimiento de la tragedia en el espíritu de la música.* Buena acogida por parte de sus amigos, pero muy mala por parte de los filólogos de profesión. En abril Wagner abandona Tribschen. El 22 de mayo asiste a la colocación de la primera piedra del teatro wagneriano en Bayreuth. Años de máximo interés por Wagner. Conoce a Malwida von Meysenbug.	–Muere L. Feuerbach. Nace B. Russell. D. Fr. Strauss: *La vieja y la nueva fe.* R. Dedekind: *Teoría de los números irracionales.* F. Klein: *Programa de Erlangen.*	–Expulsión de los jesuitas de Alemania. Nueva guerra carlista en España.

1873	Primera de las *Consideraciones intempestivas: David Strauss, el confesor y el escritor.* Mala salud. Compone un *Himno a la amistad.* Escribe la segunda *Intempestiva.*	–Muere Manzoni. Tolstói: *Anna Karenina.* Bakunin: *Estado y anarquía.* J. M. Charcot: *Manual de enfermedades del sistema nervioso.*	–Abdicación de Amadeo de Saboya. Proclamación de la República en España. Muere Napoleón III. Las tropas alemanas se retiran de Francia. Alianza de los Tres Emperadores (Alemania, Austria y Rusia).
1874	Segunda edición de *El nacimiento de la tragedia.* Se publica la segunda de las *Consideraciones intempestivas: Sobre la utilidad y la desventaja de la ciencia histórica para la vida,* y la tercera: *Schopenhauer como educador.* Tensiones con Bayreuth.	–Flaubert: *La tentación de San Antonio.* Nace el filósofo alemán E. Cassirer. Wundt: *Fundamentos de psicología fisiológica.* Monet pinta *Día de verano en Argenteuil* (pintura impresionista); Mussorgski estrena *Boris Godunov.* Wagner acaba *El crepúsculo de los dioses.* Nace G. Marconi.	–Golpe de Estado en España: el general Martínez Campos proclama en Sagunto rey a Alfonso XII. Nace W. Churchill.
1875	En octubre conoce al músico Heinrich Köselitz (al que él denominara *Peter Gast* [Pedro el Huésped]), con el que le unirá gran amistad. Éste le ayudará mucho.	–Nacen T. Mann, R. M. Rilke, C. G. Jung y A. Schweitzer. Bizet estrena *Carmen.* Nace Ravel.	–Inglaterra adquiere a Egipto sus acciones en el Canal de Suez.

	Vida y obra de Nietzsche	Literatura/arte/cultura	Historia
1876	Cuarta de las *Consideraciones intempestivas: Richard Wagner en Bayreuth.* El 11 de abril, en Ginebra, hace un súbito ofrecimiento de matrimonio a Mathilde Trampedach, a quien había conocido cinco días antes, ofrecimiento que es rechazado. Primeros festivales de Bayreuth. Nietzsche asiste, pero se siente defraudado. Empieza a escribir *Humano, demasiado humano.* La salud empeora. En septiembre conoce al psicólogo Paul Rée. En octubre solicita licencia de la Universidad por enfermedad. Obtiene permiso de un año. Va a Sorrento, donde pasa el invierno con Malwida von Meysenbug, Paul Rée y otros amigos. Última conversación con Wagner, en Sorrento.	–Muere G. Sand. Nace Manuel de Falla. Tschaikowski: *El lago de los cisnes.* Se estrena en el Teatro Real de Madrid *Rienzi,* de Wagner.	–Disolución de la Primera Internacional. Surge en Rusia el movimiento «Tierra y Libertad». Fin de la tercera guerra carlista en España. Nace K. Adenauer. Se funda el «Partido Conservador» en Alemania.
1877	La salud no mejora. Piensa en abandonar la cátedra. En octubre reanuda sus clases en Basilea, donde le cuida su hermana. Peter Gast le sirve de amanuense.	–R. Wagner escribe el texto de la ópera *Parsifal.* Rodin modela *La edad de bronce.* Brahms: *Segunda sinfonía.*	–Regresa a España Isabel II. Rusia declara la guerra a Turquía. Porfirio Díaz, presidente de México.
1878	Acaban sus relaciones con el matrimonio Wagner. El 3 de enero Wag-	–Nace Martin Buber. Engels: *Anti-Dühring.* Nace J. B. Watson, psicó-	–Acaba la guerra ruso-turca. Congreso de Berlín. Alfonso XII se casa

	última carta de Nietzsche a Wagner, enviándole *Humano, demasiado humano. Un libro para espíritus libres* (primera parte), que acababa de publicarse. En agosto, ataque de Wagner a Nietzsche. La hermana de éste intenta mediar, sin éxito. Pésima salud: «Mi vida es como la de un anciano...».		Isabel II. Muere Pío IX y le sucede León XIII. Bismarck prohíbe el partido socialista. Humberto I, rey de Italia.
1879	Su salud marcha cada vez peor. Dolores de cabeza y de ojos, y continuos vómitos. El 2 de mayo pide jubilarse, por enfermedad. Abandona la cátedra de la Universidad de Basilea. Ésta le asigna una pensión. Va por vez primera a la Alta Engadina, donde pasará desde ahora sus veranos. Pasa el invierno en Naumburgo, con su familia.	–Dostoyevski: *Los hermanos Karamázov.* Ibsen: *Nora o una casa de muñecas.* Spencer: *Principios de la ética.* Nace el pintor Paul Klee. Nace A. Einstein.	–Alfonso XII, tras enviudar, se casa con María Cristina de Habsburgo-Lorena. Alianza austro-alemana. Leyes contra los jesuitas en Francia. Nace Stalin.
1880	Entre febrero y marzo pasa un mes en Riva, junto al lago de Garda. De marzo a junio, primera estancia en Venecia. Intensos estudios sobre el cristianismo. Pasa agosto en Marienbad; septiembre y octubre en Naumburgo. Primer invierno en Génova a partir de noviembre. Se publica este año *El caminante y su sombra* (añadido a *Humano, demasiado humano).*	–Zola: *La novela experimental.* Nace O. Spengler. Windelband: *Historia de la filosofía moderna.* Rodin esculpe *El pensador.* Se acaba la catedral de Colonia, cuya primera piedra fue puesta en 1248. Tschaikowski: *Capricho italiano.* Pasteur descubre los estreptococos, los estafilococos y los pneumococos. Wagner escribe *Religión y arte.* M. Pelayo: *Historia de los heterodoxos españoles.*	–Abolición de la esclavitud en Cuba. Se funda la compañía del Canal de Panamá. Guerra civil en Argentina.

	Vida y obra de Nietzsche	Literatura/arte/cultura	Historia
1881	Duro invierno en Génova. Se publica *Aurora. Pensamientos sobre los prejuicios morales*. De julio a octubre, primer verano en Sils-Maria. En agosto, el pensamiento del eterno retorno. Desde octubre en Génova, donde oye *Carmen,* de Bizet.	–Muere Dostoyevski. Ranke empieza a publicar su *Historia universal.* Nace P. Picasso. Offenbach estrena *Los cuentos de Hoffmann*.	–Comienza la construcción del Canal de Panamá. Asesinato de Alejandro II de Rusia. Alejandro III, zar de Rusia. Muere Disraeli.
1882	En marzo, viaje a Sicilia. En abril conoce en Roma a Lou von Salomé, en casa de M. von Meysenbug. Nietzsche y Paul Rée se enamoran, ambos, de Lou. Hasta noviembre dura este episodio en la vida de Nietzsche, en el que interviene, de modo impertinente, su hermana. Lou von Salomé rechaza las peticiones de matrimonio de Paul Rée y de Nietzsche. Éste pone música a una poesía de aquélla: *Oración a la vida*. Se publica *Idilios de Messina* y *La gaya ciencia*. Pasa el invierno, desde noviembre, en Rapallo.	–Daudet: *Tartarín de Tarascón*. Nace J. Joyce. Nace N. Hartmann. Nace I. Stravinski. R. Wagner estrena *Parsifal* en Bayreuth. Se funda la Orquesta Filarmónica de Berlín. Koch descubre el bacilo de la tuberculosis. Comienza la construcción de la Sagrada Familia de Gaudí.	–Se forma la Tripe Alianza: Austria, Alemania e Italia. Inglaterra ocupa Egipto y el Sudán.
1883	Desde este año pasa los veranos en Sils-Maria y los inviernos en Niza. En los intervalos, viajes por varios lugares. 13 de febrero: muerte de Wagner. Antes, en este mismo mes,	–Nace F. Kafka. Dilthey: *Introducción a las ciencias del espíritu*. Muere K. Marx. Cézanne pinta *Paisaje con puente*. Muere R. Wagner.	–Francia ocupa Madagascar. Viaje de Alfonso XII a Alemania. Nace B. Mussolini.

	blica este mismo año. Desde fines de febrero hasta mayo, en Génova. Continuos enfados y reconciliaciones con su hermana. Verano en Sils-Maria, donde escribe la segunda parte de *Así habló Zaratustra,* que también se publica este año.		
1884	Invierno 83-84 en Niza, hasta el 20 de abril. En enero escribe en Niza la tercera parte de *Así habló Zaratustra,* publicada este mismo año. Luego, hasta junio, en Venecia, con Peter Gast. Verano en Sils-Maria. Recibe la visita de Heinrich von Stein. Noviembre en Mentone; diciembre en Niza. Escribe la cuarta y última parte de *Así habló Zaratustra.*	–Engels: *El origen de la familia, de la propiedad privada y del Estado.* Muere G. Mendel. Clarín: *La Regenta.*	–Conferencia colonialista en Berlín: reparto de África.
1885	Hasta el 8 de abril, en Niza. Mala salud. No encuentra editor para la cuarta parte de *Así habló Zaratustra* y hace a su costa una edición privada, de cuarenta ejemplares. Hasta junio, en Venecia con Peter Gast. En mayo se casa su hermana, que a principios del año siguiente marcha a Paraguay. Verano en Sils-Maria. Viajes a Naumburgo, Leipzig, Múnich y Florencia. Desde noviembre, en Niza.	–Zola: *Germinal.* Aparece el segundo volumen de *El capital,* de Marx, editado por Engels. Nace el físico danés N. Bohr.	–Muere Alfonso XII. Regencia de María Cristina. Conflicto de las Islas Carolinas y mediación de León XIII.

	Vida y obra de Nietzsche	Literatura/arte/cultura	Historia
1886	Hasta mayo, en Niza. Publica *Más allá del bien y del mal, preludio de una filosofía del futuro,* a costa suya. Reedición, con nuevos prólogos, de sus obras anteriores *(El nacimiento de la tragedia* y *Humano, demasiado humano).* Último encuentro con Rohde en Leipzig, en mayo-junio. Verano en Sils-Maria. Desde el 22 de octubre, en Niza.	–Tolstói: *La sonata a Kreutzer.* Nace el teólogo suizo K. Barth. Rodin: *El beso.* Muere el músico Liszt. Se levanta en Nueva York la Estatua de la Libertad.	–Nace Alfonso XIII. Muere Luis II de Baviera.
1887	En febrero, primera lectura de Dostoyevski. Hasta el 2 de abril, en Niza. Reediciones de *Aurora, La gaya ciencia, Así habló Zaratustra,* y edición del *Himno a la vida* (para coro mixto y orquesta, sobre una poesía de Lou von Salomé). Publica *Para la genealogía de la moral, un escrito polémico.* Sigue la mala salud. De junio a septiembre, en Sils-Maria. De septiembre a octubre, en Venecia. Desde el 22 de octubre, de nuevo en Niza. El 11 de noviembre, última carta a E. Rohde. El 26 de noviembre, primera carta de Georg Brandes, su «descubridor» danés.	–Se descubre el «Fausto primitivo» de Goethe. Nace el físico austríaco E. Schrödinger.	–Fundación de Rhodesia. Asesinato del presidente francés Carnot.

1888	El 2 de abril parte de Niza. Descubre Turín, donde permanece hasta el 5 de junio. En abril Brandes da un ciclo de conferencias en la Universidad de Copenhague sobre Nietzsche. De junio a septiembre, en Sils-Maria. Entre mayo y agosto escribe *El caso Wagner. Un problema para amantes de la música,* que se publica este mismo año. Acaba los *Ditirambos de Dioniso,* rehaciendo los *Idilios de Messina.* Entre agosto y septiembre escribe *Crepúsculo de los ídolos, o cómo se filosofa con el martillo,* que aparece en enero de 1889. Desde el 21 de septiembre hasta el 9 de enero de 1889 reside en Turín. En septiembre escribe *El Anticristo. Maldición contra el cristianismo,* que no se publicará hasta 1894. Entre octubre y noviembre escribe *Ecce homo. Cómo se llega a ser lo que se es,* que no aparecerá hasta 1908. En diciembre escribe *Nietzsche contra Wagner. Actas de un psicólogo,* que no aparecerá en edición pública hasta 1895. Durante esta residencia en Turín, sentimientos eufóricos sobre su recobrada salud.	–R. Avenarius: *Crítica de la experiencia pura.* Engels: *Ludwig Feuerbach y el final de la filosofía alemana.* Van Gogh pinta *Jardín en Arles, Autorretrato, Flores de verano.* Descubrimiento por H. Hertz de las ondas electromagnéticas.	–Muere Guillermo I de Prusia. Guillermo II, emperador de Alemania. Fundación en España de la Unión General de Trabajadores.

	Vida y obra de Nietzsche	Literatura/arte/cultura	Historia
1889	3 de enero: colapso en la *Piazza Carlo Alberto* de Turín. Del 3 al 7 de enero, cartas y postales a diversos amigos, manifestativas de su demencia. El 8 llega a Turín su amigo Overbeck para hacerse cargo del enfermo, a quien lleva a Basilea; ingresa en una clínica de nervios. Diagnóstico: «parálisis progresiva». La madre lo recoge y lo lleva consigo a Jena, el 17 de enero, y aquí ingresa en la Clínica Psiquiátrica de la Universidad (prof. Biswanger). A finales de enero aparece *Crepúsculo de los ídolos.* En la primavera aparece, en edición privada, *Nietzsche contra Wagner.*	–Nace M. Heidegger. Nace Ch. Chaplin. R. Strauss compone *Don Juan.* Exposición Universal en París, con 28 millones de visitantes.	–Fundación de la Segunda Internacional. Se fija el 1 de mayo como día universal del trabajo. Se promulga en España el Código Civil. Nace A. Hitler.
1890	El 3 de mayo la madre de Nietzsche se lo lleva consigo a su casa de Naumburgo; en otoño vuelve de Paraguay su hermana.	–W. James: *Principios de psicología.* Muere Van Gogh. Frazer: *La rama dorada.*	–Guillermo II prescinde de Bismarck. Se extiende el socialismo en España. Guillermina, reina de Holanda (hasta 1948).
1891		–O. Wilde: *El retrato de Dorian Gray.* Engels: *El desarrollo del socialismo desde la utopía a la ciencia.* León XIII: encíclica *Rerum novarum.*	–Alianza franco-rusa. «Programa de Erfurt.»

1892	Peter Gast comienza a preparar una edición de las obras completas de Nietzsche, en la Editorial C. G. Naumann de Leipzig. Según la madre, el estado mental del enfermo, dentro de la insania, es cada vez peor.	–Haeckel: *El monismo. Credo de un investigador de la naturaleza.* Nace el físico Louis de Broglie. Muere E. Renan. Debussy compone *La siesta de un fauno.* Primer viaje de Rubén Darío a España.	–Martí funda el movimiento revolucionario en Cuba.
1893		–Röntgen: descubrimiento de los rayos X.	–Los Estados Unidos convierten a las Islas Hawai en protectorado. Escándalo financiero sobre el Canal de Panamá.
1894	La hermana se hace cada vez más cargo de las publicaciones de Nietzsche. En febrero se funda, en la propia casa de la madre, el primer «Archivo Nietzsche». En otoño la hermana se traslada, con el archivo, a otra casa.	–Kipling: *El libro de las tierras vírgenes.* Lou Andreas-Salomé escribe *F. Nietzsche en sus obras.*	–Muere Alejandro III de Rusia. Nicolás II, zar de Rusia (fusilado en 1918). Asunto Dreyfus en Francia.
1895	Aparecen *El Anticristo* y *Nietzsche contra Wagner* (en edición pública). A finales de diciembre la hermana consigue convertirse en tutora oficial de Nietzsche con exclusión de la madre. Manifestaciones paralíticas cada vez mayores en el enfermo.	–Verlaine: *Confesión.* Freud y Breuer: *Estudios sobre la histeria.* Muere F. Engels. Muere K. Pasteur. Unamuno: *En torno al casticismo.*	–Comienza la guerra de independencia en Cuba, dirigida por Martí. Muerte de Martí. Fundación de la Confederación General del Trabajo en Francia.
1896	La hermana se traslada, con el «Archivo Nietzsche», a Weimar.	–Muere Verlaine. Bergson: *Materia y memoria.* R. Strauss compone su obra musical *Así habló Zaratustra,* estrenada en Frankfurt.	–Agitación independentista en Filipinas. Guerra de Italia contra Abisinia.

	Vida y obra de Nietzsche	Literatura/arte/cultura	Historia
1897	Muerte de la madre. La hermana se lleva a Nietzsche consigo a Weimar y ocupa, junto con él y con el archivo, la Villa «Silberblick».	–Muere J. Burckhardt, amigo de Nietzsche. Muere J. Brahms. Unamuno: *Paz en la guerra.*	–Guerra greco-turca. Primer Congreso Sionista en Basilea.
1898		–Nace B. Brecht. Nace E. Hemingway. Tolstói: *Resurrección.* Esposos Curie: descubrimiento del radio.	–Voladura del *Maine.* Guerra hispanonorteamericana. Paz de París. Pérdida de Cuba. Los Estados Unidos se anexionan Hawai. Muere Bismarck.
1899		–Nace F. García Lorca. D. Hilbert: *Fundamentos de la geometría.*	–En Francia, segundo proceso de Dreyfus, que es indultado. Se inicia la guerra de los bóers, en África del Sur.
1900	25 de agosto: muerte de Nietzsche.	–Muere O. Wilde. Bergson: *La risa.* Freud: *La interpretación de los sueños.*	–Asesinato de Humberto I. Víctor Manuel III, rey de Italia (hasta 1946).
1901-1913	Gran edición, en octavo mayor, de las *Obras completas* de Nietzsche, en Leipzig.		
1905	Muere Franz Overbeck, amigo y confidente de Nietzsche, al que siempre ayudó en sus problemas materiales y espirituales.		

	homo, en edición limitada. En 1911 se hace una edición pública (y «censurada») dentro de la gran edición en octavo mayor. El «Archivo Nietzsche» se convierte en «Fundación».
1920-1929	Edición Musarion, de *Obras completas* (Múnich).
1931	Se forma una comisión para realizar una edición integral histórico-crítica de las obras de Nietzsche.
1933	Progresiva anexión por el nacional-socialismo de la herencia espiritual de Nietzsche.
1934	Comienza la que parecía edición definitiva, de las obras, editada por el «Archivo Nietzsche» *(Historisch-Kritische Gesamtausgabe der Werke und Briefe).* No llega a acabarse. El 15 de octubre, en Weimar y en presencia de Hitler, solemne celebración del 90 aniversario del nacimiento de Nietzsche.
1935	Muerte de la hermana.
1937	Se levanta un nuevo edificio especial para el «Archivo Nietzsche».

	Vida y obra de Nietzsche	Literatura/arte/cultura	Historia
1945	El Ejército Rojo ocupa Weimar y se hace cargo del «Archivo Nietzsche».		
1947	El «Archivo Nietzsche» pasa a formar parte de los «Lugares de conmemoración e investigación de la literatura clásica alemana», en Weimar .		
1954	Apertura total a la investigación de los manuscritos, cartas, libros etc., de Nietzsche, en Weimar.		
1954	Grandes discusiones, promovidas sobre todo por Karl Schlechta, a propósito de las falsificaciones introducidas por la hermana de Nietzsche en todas las ediciones anteriores de las obras. Falsificación, sobre todo, de cartas.		
1956	Edición, en tres tomos, de las *Obras* de Nietzsche por Karl Schlechta. Segunda edición, en 1960.		
1964	Está en marcha la que parece será la edición última y definitiva de la totalidad de la obra de Nietzsche. La dirigen los italianos Giorgio Colli y Mazzino Montinari.		

Obras de Friedrich Nietzsche en Alianza Editorial:

Así habló Zaratustra
La genealogía de la moral
Más allá del bien y del mal
El Anticristo
Ecce homo
Crepúsculo de los ídolos
El nacimiento de la tragedia
Consideraciones intempestivas, 1. David Strauss, el confesor y el escritor (y fragmentos póstumos)